Brigitte Landes

Die verschwundene Stadt

Im Tiergartenviertel

Insel Verlag

Insel-Bücherei Nr. 1539

Inhalt

DENKMAL
FRIED. WILHELM III.
REITWEG
GROSSE
LUISEN DENKMAL
LUISEN INSEL
AHORNSTEIG
WEG
FLORA
STRASSE
KIRCHW.
33,74
33,72
33,52
33,61
RTEN
KM
STRASSE
BENDLER
STRASSE
REGENTEN
SIGISMUND
STRASSE
33,26
33,79
MARGARETHEN
MATTHÄI
KIRCHPLATZ
MATTHÄI KIRCHE
MATTHÄI KIRCH
HYDROGR. AMT
SIGISM. S.
34,00
STR.
PREDIGER HAUS
PROV. STÄNDE HAUS
PROVINZ. VERS. ANST.
LANDR. AMT D. KR. TELTOW
SPAN. BOTSCH.
REICHS-VERSICHERUNGS-AMT
MATTHÄIKIRCH
VICTORIA
STRASSE
AUGUSTA
STRASSE
34,08
38,16
34,25
36,24
LANDWEHR
VICTORIA BR.
POTSDAMER BRÜCKE
35,86
34,24
36,21
36,33
EYDT BRÜCKE
35,71
34,48
35,38
HOF
GER
STRASSE

LESSING DENKM.
SIEGES
ALLEE
KEMPER PLATZ
ROLAND BR.
LENNÉ STRASSE
BELLEVUE STRASSE
HOTEL SAXONIA
FÜRST LESSING HAUS
HOTEL BELLEVUE
VOSS
REICHS-MARINEAMT
PALAST HOTEL
KGL. SÄCHS. G.
KÖNIGGRÄTZER STR.
HOTEL ESPLANADE
POTSDAMER PLATZ
KÖNIGL. WILHELM-GYMNASIUM
GESELLIGER VEREIN
HOTEL FÜRSTENHOF
POSTAMT 9
REICHS-EISENBAHNAMT
POTSDAMER BAHNHOF
POTSDAMER STRASSE
LINK STRASSE
KÖTHENER STR.
EICHHORN STRASSE
SCHELLING STRASSE
AUGUSTA
WANNSEE BAHNHOF
RING BAHNHOF
VORORT BAHNHOF
UNTER-GRUND-BAHN
EVANGEL. OB. KIRCHEN-RATH
BERNBURGER
PRED. HAUS

»Es war recht still um die kleine Kirche herum. Sie liegt ganz im Grünen … in den Gärten sangen die Nachtigallen, hinter der Kirche hört man Frösche und Unken. So ländlich ist es jetzt noch – in 10 Jahren wird auch dort ein neuer Stadtteil stehen; schon sieht man den Anfang einer glänzenden Häuserreihe.«

Wilhelmine Bardua, 1847

»Die ganze Tiergartenstraße lag in Schutt und Asche. Nur der alte Fontane aus weißem Stein, den Mantel über der Schulter, der war stehengeblieben und sah mit weisen Augen auf die Trümmer.«

Gabriele Tergit, 1948

Zu Fuß durch 100 Jahre Tiergartenviertel zu gehen, durch eine verschwundene Stadt, heißt nicht nur, sich nicht zurechtzufinden, weil es schließlich nicht mehr da ist, auch diese Bezeichnung nicht mehr trägt, sondern auch, dass man immer wieder seine Gangart ändern muss. Vor 100 Jahren, im 19. Jahrhundert, als es entstanden und gewachsen ist, kann es ein Spaziergang im Grünen gewesen sein, zu Beginn des 20. Jahrhunderts, vor allem in den 10er bis 20er Jahren, konnte man mit einem Katzensprung die nah beieinander wohnenden, befreundeten und bekannten Adressen besuchen, von Galerien zu privaten Kunstausstellungen flanieren; heute, im 21. Jahrhundert, eilt man eher raschen Schrittes, überquert große Straßen, um zum Potsdamer Platz zu gelangen oder eine der vielen Botschaften aufzusuchen, oder man durchmisst große leere Flächen, um in der Kirche oder in der Staatsbibliothek oder in einem der zahlreichen Museen zu verschwinden. Das Schritt-Tempo muss sich anpassen an die raschen und großen Veränderungen in diesem Quartier, das, bevor es vollends zerstört wurde, eines der vornehmsten und wohlhabendsten Wohnviertel Berlins gewesen ist.

Der westliche Rand des noch von einer Akzise- oder Zollmauer umgebenen historischen Berlins wurde 1841 als Friedrichvorstadt eingemeindet. Nahe am 1838 neu eröffneten Potsdamer Bahnhof, unweit vom Zentrum der Stadt,

die sich durch Industrialisierung und Wachstum vom Residenzstädtchen zur kaiserlichen Metropole und zum Regierungssitz der Weimarer Republik entwickeln sollte.
Aus ländlicher Idylle hugenottischer Gemüseanpflanzungen und Sommerresidenzen betuchter Berliner Bürger wurde das Tiergartenviertel zu einem noblen und eleganten Villenquartier zwischen Potsdamer Straße, Lennéstraße, Tiergartenstraße, Liechtensteinallee und Landwehrkanal. Der ehemalige Schafgraben wurde im Zuge der Industrialisierung zum Schifffahrtskanal ausgebaut und neue Verkehrswege eröffneten sich. Viele Brücken überquerten den von Alleen gesäumten Kanal, neue Verbindungsstraßen wurden angelegt, und nicht nur entlang seiner Ufer entstanden herrschaftliche Villen und Wohnhäuser. Nach behördlicher Anweisung sollte zwar der ländliche Charakter der Gegend erhalten bleiben, doch erhielt das Viertel recht bald ein durchaus städtisches Aussehen. Die Häuser, von namhaften Architekten wie Ludwig Persius, Friedrich Hitzig und Friedrich August Stüler erbaut, waren bewohnt von Industriellen, Professoren, Geheimräten, Kunsthändlern und -sammlern, Galeristen, Verlegern, Schriftstellern und Künstlern. Hier war nach dem Bebauungsplan von Peter Joseph Lenné das neue, sogenannte »Geheimrathsviertel« entstanden, das der Stadthistoriker Fred Riedel als »eine Insel der Künste, der Wissenschaft, des Wohlstands und der Kultiviertheit« bezeichnete. Die Prominenz, die dort residierte, war legendär.

Seit seiner Entstehung befand sich das Viertel in ständiger Veränderung – in seiner Architektur mit Um- und Neubauten, neuen Bauherren, Bewohnern und Mietern. Der 1872 erweiterte Potsdamer Bahnhof führte zu einer engeren Anbindung des Viertels an die 1900 zur Weltmetropole gewordenen Stadt, von hier fuhr 1902 die erste U-Bahn über den Zoologischen Garten bis nach Friedrichshain und der Potsdamer Platz wurde zum zentralen Verkehrsknotenpunkt. Mit dem Einzug der chinesischen Botschaft in die Villa von der Heydt 1878 wurde das Viertel auch für weitere diplomatische Auslandsvertretungen attraktiv. Der Zuzug von Regierungs- und Verwaltungsgebäuden wie dem Reichsversicherungsamt am Landwehrkanal, dem Reichsmarineamt, großen Hotels wie dem Hotel Esplanade und dem Grandhotel Bellevue strahlten auf den Charakter des Viertels aus, das in den zwanziger Jahren trotz der rasanten politischen und ökonomischen Umwälzungen sogar an Anziehungskraft gewann. Das alte »Geheimrathsviertel« lag wie eine Oase im Großstadtlärm und war geradezu en vogue.

Mit der Machtübernahme Adolf Hitlers setzte die allmähliche Zerstörung ein. Für sein Projekt »Welthauptstadt Germania« ließ er mit seinem Architekten Albert Speer bereits 1938 die jüdischen Hauseigentümer enteignen, um nach dem Abriss der Häuser den Weg für die Nord-Süd-Achse des insgesamt 40 Kilometer langen Prachtboulevards freizumachen. Zum endgültigen Verschwinden des Viertels und zu seinem Gedächtnisverlust haben nach dem Zweiten Weltkrieg die radikale Abrisstätigkeit und die Teilung Berlins in Ost und West mit Mauer und Todesstreifen entscheidend beigetragen.

Mit Texten, den Stimmen der ehemaligen Bewohner, Geisterstimmen gleich, kann dem verschwundenen Ort die Erinnerung zurückgegeben werden. Da Geister sich frei in Raum und Zeit bewegen können, hält sich ihr Erscheinen nicht notwendigerweise an eine Chronologie; sie tauchen auf, wenn ein Motiv danach verlangt, sei es eine Straße, ein Haus, ein Salon, ein Name, ein Bild, eine Mitteilung, Nachrichten, die eine Vorstellung von dem sich ständig in Bewegung befindenden Viertel geben können.

Alles begann im Grünen

Schon Anfang des 19. Jahrhunderts war die Adresse des damaligen Theaterdirektors August Wilhelm Iffland die Thiergartenstraße 29. Es war eines der ersten Landhäuser, die das ganze Jahr über bewohnt waren. »Eine Villa mit weißen Säulen und einer Loggia, zur guten Jahreszeit stets mit einem reichen Blumenflor erfüllt, der sich gar lieblich abhob von den braunrothen, mit pompejanischen Wandmalereien bedeckten Hintergrund« – so beschreibt es Julius Rodenberg. Charlotte Schiller fand es »allerliebst, ordentlich, ein Ideal einer Gartenwohnung sehr artig gebaut, und die waldige Hecke verbirgt den Sand«.

Die Matthäikirchstraße wurde erst 1841 angelegt. Ein Jahr zuvor hatte der Geheime Kommerzienrat Joel Wolff Meyer »ein Grundstück am Rande des damals völlig einsamen Tiergartens erworben … und ein geräumiges Sommerhaus gebaut, das zur schönen Jahreszeit bezogen wurde«. Zu einer ganzjährig bewohnbaren Villa ließ er es fünf Jahre später umbauen. Es war ein »liebenswürdiges Bauwerk mit den dreifachen Flachbogen an der Parkfront, der schönen Terrasse und dem großen durchgeführten Saal im Hauptstockwerk … Das Häuschen wurde schmuck, aber einfach und bescheiden«, schreibt Margarete Mauthner in *Das verzauberte Haus.* In der gleichnamigen Novelle von Robert Musil wird die Matthäikirchstraße 1 als das »Verzauberte Haus« zum Stadtbesitz einer gräflichen Familie. Musils

Ehefrau Martha ist hier zusammen mit ihrer Cousine Margarete Mauthner aufgewachsen. Die spätere Übersetzerin der Briefe van Goghs erzählt in ihren Memoiren, dass der Entschluss der Enkel Meyers, aus der Stadt in die Villa in der »winterlichen Tiergarten-Einöde« einzuziehen, nicht gleich Zustimmung fand, »wenngleich das Haus nicht mehr in so völliger Einsamkeit lag wie ehemals, als es noch die Sommerzuflucht aus städtischer Enge war. … Jetzt stand schon, stattlich in rotem Backstein errichtet, die Matthäikirche auf einem grünbepflanzten, viereckigen Platze, von dem eine Straße bis hinten ans Wasser führte; hier und da wuchs ein hübsches Häuschen aus dem ländlichen Boden.« In einem Brief an seine Verlobte schreibt Siegmund Joel Meyer, ein Enkel des Kommerzienrats, 1857: »Der Kirchturm mahnt mich, daß die Zeit in die Synagoge zu gehen nicht mehr fern ist.« Außerdem sei seine »beschränkte Beschäftigung beim Berliner Stadtgericht veranlasst worden« und er »werde gemahnt, zur Treue für König und Vaterland«.
Die Matthäus-Kirche, die bald zum Mittelpunkt des rasch wachsenden Wohnviertels werden sollte, wurde 1846 nach dem Entwurf von Friedrich August Stüler fertiggestellt und eingeweiht. Umgeben von Gärten, Feldern und Fliederduft, nannten die Gemeindemitglieder, unter ihnen auch die Gebrüder Grimm, sie zärtlich »des lieben Gottes Sommervergnügen«.

Am nördlichen Ausgang des Tiergartens hatte die Schriftstellerin Bettina von Arnim »In den Zelten« ihre Sommerwohnung; sie fühlte sich hier während der Revolution 1848 »so sicher wie die Lämmer«. Der Name »In den Zelten«

Haus Bettina von Arnim, In den Zelten 5

rührt von den aus Zelten aufgebauten sommerlichen Ausflugslokalen her, die im Winter wieder abgebaut wurden. Von Mitte des 19. Jahrhunderts an sind daraus feste Gasthäuser entstanden und diese Gegend »Jottwede«, janz weit draußen, wurde zu einem begehrten Villenstandort.

Bettina von Arnim hatte die Brüder Jakob und Wilhelm Grimm aus Göttingen nach Berlin geholt, wo sie auf der anderen, der südlichen Seite des Tiergartens, in der Lennéstraße, »eine hübsche und bequeme Wohnung« gefunden hatten, wie Wilhelm seinem jüngsten Bruder Ludwig Emil in einem Brief mitteilt: »9 oder 10 Stuben und Balkon. Alles ist reinlich und erst ein Jahr lang seit dem Bau des Hauses bewohnt. Ein Bedenken war mir die Entlegenheit, die

Jungen werden eine ¼ Stunde oder 20 Minuten nach dem Gymnasium haben. Der Weg führt am Potsdamer Platz her und muß viermal täglich zurückgelegt, den Kindern zugleich Erholung und Spaziergang sein. Dafür wohnen wir still, frei und heiter fast wie in der Aue, und werden nicht so wie in der Stadt überlaufen.« 1847 zogen die Grimms gemeinsam um in die nahe gelegene Linkstraße, wo Wilhelm Grimm während der Märzrevolution 1848 »noch nie einen Tag in solcher Angst und Bewegung erlebt habe wie am 18. März«.

Der Maler Adolph Menzel wohnte und arbeitete in der Sigismundstraße 3, einer der wenigen bis heute existierenden Straßen; am 13. März 1892 schreibt er an den Vermieter seines Ateliers: »Ich muß Ihnen hiemit Mitteilung machen, daß der Zustand des Mauerabputzes an der Hinterfront des Hinterflügels des Hauses Sigismund-Str. No. 3, der Wand, auf welche meine beiden Atelier-Fenster münden jetzt beginnt gefahrdrohend zu werden. Das Unwetter dieser letzten Tage hat wiederholt große Stücke des Kalkabwurfs herabgestoßen, so daß Niemand mehr wagen kann auf dem Balkon des Saals unterhalb meines Ateliers zu verweilen, ohne jeden Augenblick schwer getroffen werden zu können … Von diesem Aussehen der Hinterwand – für ein herrschaftl. Haus mit hohem Miethzins – gradehin skandalös zu nennen, noch gar nicht zu reden!« Das Haus kaufte zwei Jahre später der Industrielle, Mäzen und Kunstsammler Eduard Arnhold. Arnholds Wohnadresse war die Regentenstraße 19, heute steht dort die Gemäldegalerie. Nebenan lebte der Industrielle und Kunstsammler James Simon.

Das Atelier von Adolph Menzel, Sigismundstraße 3

Der Papiergroßhändler Leopold Ullstein bezog 1873 ein Haus in der Tiergartenstraße 17a mit seinen fünf Söhnen, mit denen er das größte und einflussreichste Zeitungsimperium Berlins aufgebaut hat. Leopold Ullstein lud »Donnerstags ab sechs« zu einem »jour fix« ein. Zwanzig Jahre später verkaufte er das Haus und die Familie zog in die Königin-Augusta-Straße, heute Reichpietschufer. Die »Zeitungskönige« lebten im Tiergartenviertel nah beieinander, bevor der Grunewald zum bevorzugten Stadtteil wurde. Auch Peter Joseph Lenné, General-Gartendirektor der königlich-preußischen Gärten, dem die heutige Anlage des Tiergartens zu verdanken ist, residierte im Viertel, ebenso der Architekt Friedrich Hitzig und der Schinkelschüler Friedrich August Stüler, der die Matthäus-Kirche entworfen hat, der Industrielle Emil Rathenau, der Gründer der Allgemeinen Elektricitäts-Gesellschaft (AEG), und dessen Sohn Walther Rathenau, der Archäologe Ernst Curtius und der Ägyptologe Carl Lepsius sowie die Verleger und die Galeristen Bruno und Paul Cassirer, der Galerist Alfred Flechtheim, der Bildhauer Georg Kolbe, die Schriftstellerin Gabriele Tergit sowie der Verleger und Schriftsteller Herwarth Walden; die Schauspielerin Tilla Durieux bewohnte eine kleine Wohnung in der Lennéstraße, bevor sie mit Paul Cassirer zusammen in die Margarethenstraße umzog. Die Schriftstellerinnen Fanny Lewald, Wilhelmine Bardua und Marie von Bunsen, die Frauenrechtlerin und Schriftstellerin Hedwig Dohm, Cornelie Richter und Felicie Bernstein unterhielten prominent frequentierte beliebte Salons.

Weltstadt Berlin

1871 wird Berlin Hauptstadt des deutschen Kaiserreichs. Eine liberalisierte Wirtschaftspolitik und das Ende des Deutsch-Französischen Krieges führten durch die Reparationskosten von fünf Milliarden Francs, die Frankreich an Deutschland zu zahlen hatte, zu einem enormen wirtschaftlichen Aufschwung. Die Industrialisierung hatte Hochkonjunktur, Firmen und Banken wurden gegründet, die Aktienkurse stiegen, die Boden- und Mietpreise schossen in die Höhe. In diesem Boom der »Gründerzeit« unter Wilhelm I. verschwanden nach und nach die bisherigen Sommerhäuser. Es wurden nicht nur neue Villen errichtet, sondern auch vierstöckige Wohnhäuser in neobarockem Baustil, entworfen von namhaften Architekten wie Alfred Messel, Martin Gropius und Friedrich Hitzig.

Theodor Fontane beschreibt diese Entwicklung in seiner Autobiographie: »Die Milliarden. Meine Wohnung. Gekündigt. Die Spiegelscheiben. Herbst 72 in die Potsdamerstraße. Da bin ich noch. In den 25 Jahren ist Berlin Weltstadt geworden. Wenigstens wird ihm das beständig versichert. Ist es Weltstadt? Ja und nein. Nun das große Leben und das daneben fortexistierende Klein- und Spießbürgerleben.« In der Potsdamer Straße 134c fand die Familie eine Vierzimmerwohnung im dritten Stock, wo er bis zu seinem Tod lebte.

Auf der Suche nach der chinesischen Botschaft macht Theodor Fontane 1898 einen Spaziergang am Landwehrkanal entlang:

Theodor Fontanes Wohnung, 3. Stock,
Potsdamer Straße 134 c

»Ich flaniere gern in den Berliner Straßen, meist ohne Ziel und Zweck, wie's das richtige Flanieren verlangt. Aber zuzeiten erfaßt mich doch auch ein Studienhang und läßt mich nach allem möglichen Alten und Neuen, was über die Stadt verstreut liegt, auf Inspektion und unter Umständen selbst auf Suche gehen. Ich mustere dann Panoramen und Tiergärten, Parks und Statuen, Vorgärten und Springbrunnen, ja, ganz vor kurzem, an einem bedeckten, aber schon halb sonnigen Apriltage, wandelte mich sogar die Lust an, es mit einer Revue fremder Gesandtschaften zu versuchen. An ein Eindringen in ihr Inneres war bei meiner Unfähigkeit für den Interviewer-Beruf nicht zu denken. … Aber mit welcher sollt ich beginnen? Ich überflog die Gesamtheit der

Ambassaden, und da mir als gutem Deutschen der Zug innewohnt, alles, was weither ist, zu bevorzugen, entschied ich mich natürlich für China, Heydtstraße 17. China lag mir ohnehin an meiner täglichen Spaziergangslinie, die, mit der Potsdamerstraße beginnend, am jenseitigen Kanalufer rechts entlangläuft und dann unter Überschreitung einer der vielen kleinen Brücken von größerem oder geringerem (meist geringerem) Rialtocharakter am Tiergarten hin ihren Rücklauf nimmt, bis der Zirkel an der Ausgangsstelle sich wieder schließt.

Eine Regenwolke stand am Himmel; aber nichts schöner als kurze Aprilschauer, von denen es heißt, daß sie das Wachstum fördern; so schritt ich denn ›am leichten Stabe‹, nur leider um einiges älter als Ibykus, auf die Potsdamer Brücke zu, deren merkwürdige Kurvengeleise – darauf sich die Pferdebahnwagen in fast ununterbrochener Reihe heranschlängeln – immer aufs neue mein Interesse zu wecken wissen. Da stand ich denn auch heute wieder an das linksseitige Geländer gelehnt, einen rotgestrichenen Flachkahn unter mir, über dessen Bestimmung eine dicht neben mir angebrachte Brückentafel erwünschte Auskunft gab: ›Dieser Rettungskahn ist dem Schutze des Publikums anempfohlen.‹ Ein zu schützender Schützer und Retter; mehr bescheiden als vertrauenerweckend.

Von meinem erhöhten Brückenstand aus war ich indes nicht bloß in der Lage, den Rettungskahn unter mir, sondern auch das schon jenseits der Eisenschienen gelegene Dreieck überblicken zu können, das, zunächst nur als Umspann- und Rastplatz für Omnibusse bestimmt, außerdem auch noch durch zwei jener eigenartigen und modernster

Zeit entstammenden Holzarchitekturen ausgezeichnet ist, denen man in den belebtesten Stadtteilen Berlins, trotz einer gewissen Gegensätzlichkeit ihrer Aufgaben, so oft nebeneinander begegnet. Der ausgebildete Kunst- und Geschmackssinn des Spree-Atheners, vielleicht auch seine Stellung zu Literatur und Presse, nimmt an dieser provozierenden Gegensätzlichkeit so wenig Anstoß, daß er sich derselben eher freut als schämt, und während ihm ein letztes dienstliches Verhältnis der kleineren Bude zur größeren außer allem Zweifel ist, erkennt er in der größeren, mit ihren schräg aufstehenden Schmal- und Oberfenstern zugleich eine kurzgefaßte Kritik all der mehr dem Idealen zugewandten Aufgaben der Schwesterbude.
Dieser letzteren näherte ich mich jetzt, um an ihrem Schalter das Abendblatt einer unserer Zeitungen zu kaufen. Es war aber noch nicht da, was mich zu dem in ähnlicher Situation immer wieder von mir gewählten Auskunftsmittel greifen ließ: Ankauf der ›Fliegenden Blätter‹. … Das Blatt erst überfliegend und dann vorsichtig unter den Rock knöpfend, war ich alsbald bis an den Anfang jener Straßenlinie vorgedrungen, die sich unter verschiedenen Namen bis zu dem Zoologischen Garten hinaufwindet, die ganze Linie eine Art Deutz, mit Köln am anderen Ufer, dessen Dom denn auch, in Gestalt der Matthäikirche, herrlich herübersah, die Situation beherrschend. Und nun kam ›Blumeshof‹ mit seinem Freiblick auf den Magdeburger Platz, und eine kleine Weile danach, so war auch schon der Brückensteg da, der mich nach China hinüberführen sollte. So schmal ist die Grenze, die zwei Welten voneinander scheidet. Eine halbe Minute noch, und ich war drüben.«

Im »Blumeshof 12« besuchte Walter Benjamin seine Großmutter und widmet ihrer Adresse in seiner *Berliner Kindheit* ein eigenes Kapitel: »Keine Klingel schlug freundlicher an. Hinter der Schwelle dieser Wohnung war ich geborgener als selbst in der elterlichen. ... Mit welchen Worten das fast unvordenkliche Gefühl von bürgerlicher Sicherheit umschreiben, das von dieser Wohnung ausging? Das Inventar in ihren vielen Zimmern würde heut keinem Trödler Ehre machen. ... Der wichtigste von diesen abgelegenen Räumen war für mich die Loggia, ... sei es, weil sie mir den Blick auf fremde Höfe mit Portiers, Kindern und Leierkastenmännern freigab. ... Auch war das Viertel vornehm und das Treiben auf seinen Höfen niemals sehr bewegt; etwas von der Gelassenheit der Reichen, für die die Arbeit hier verrichtet wurde, hatte sich dieser selber mitgeteilt, und alles schien bereit, ganz unversehens in tiefen Sonntagsfrieden zu verfallen.«

Für Benjamin ist das Flanieren eine Kunst, die er erst spät erlernt habe. Denn »sich in einer Stadt nicht zurechtfinden heißt nicht viel. In einer Stadt sich aber zu verirren, wie man in einem Walde sich verirrt, braucht Schulung. Da müssen Straßennamen zu dem Irrenden so sprechen wie das Knacken trockner Reiser und kleine Straßen im Stadtinnern ihm die Tageszeiten so deutlich wie eine Bergmulde widerspiegeln.« Anders als Fontane, leitet ihn, »den Flanierenden ... die Straße in eine entschwundene Zeit. Ihm ist eine jede abschüssig. Sie führt hinab, wenn nicht zu den Müttern, so doch in eine Vergangenheit ... Im Asphalt, über den er hingeht, wecken seine Schritte eine erstaunliche Resonanz.« Beide lesen die Stadt, um darüber zu schreiben.

Tiergarten mit ›Puppen‹

Von Blumeshof aus muss der Flanierende oder der Spaziergänger nur die Bendlerbrücke überqueren und schon betritt er den Tiergarten. Nach dem Zweiten Weltkrieg vollständig abgeholzt, zu Brennholz gemacht und mit Kartoffeläckern bestückt, wurde er von 1949 bis 1959 aufgeforstet und als Landschaftspark wieder hergestellt.

Benjamin verzaubert den Tiergarten zum Irrgarten seiner Kindheit. Er lässt einen alten Berliner, den Journalisten Rellstab, in den *Rundfunkgeschichten für Kinder* vom Tiergarten erzählen und beginnt mit der Frage: »Was sagt ihr dazu, daß da steht, sein Vater habe ›jeden Sommer mit der ganzen Familie eine Landwohnung bezogen‹? Wo, glaubt ihr wohl, daß die lag. Einfach im Tiergarten.«

»Bis in die Puppen«

Um zu zeigen, »daß der echte Berliner nicht aufgehört hat, seinen Tiergarten zu lieben«, zitiert Benjamin seinen Freund und Mit-Flaneur Franz Hessel: »Immerhin noch so buschig und labyrinthisch wie vor dreißig, vierzig Jahren, ehe der letzte Kaiser den Naturpark in etwas Übersichtlicheres, Repräsentativeres umschaffen ließ. ... Geschenkt hat laut einer Urkunde von 1527 den Platz die Gemeinde Cölln an der Spree dem Kurprinzen Joachim dem Jüngeren, zur ›Anrichtung eines Thier- und Lustgartens‹. Noch unter dem Großen Kurfürsten reichte der Tiergarten mit seinem starken Wildbestand bis zum heutigen Gendarmenmarkt, und der sogenannte kleine Tiergarten umfaßte ganz Moabit und die Gegend des Wedding. Allmählich griffen dann Dorotheen- und Friedrichstadt in das Waldgelände ein. Eine große Allee wurde angelegt nach dem Schloss der Sophie Charlotte. Und es begann die Umwandlung des Jagdreviers in einen Lustwald. ... Der Große Stern entstand und die Alleen, die von ihm abzweigen. Friedrich der Zweite ließ den Platz mit geschnittenen Hecken und pyramidal gestutzten Buchen umgeben. Über ein Dutzend Statuen kamen darauf, aber keine Markgrafen, sondern Pomonen, Floren, Ceres, Bacchus und ihresgleichen. Das Volk nannte sie die Puppen und den weiten Weg zu ihnen nannte es ›bis in die Puppen‹. ... Villen und Landhäuser näherten sich dem Park, das gastfreie Haus des Jacob Herz Beer, der Meyerbeers Vater war, und Ifflands schönes Gartenheim.«

Die Schriftstellerin und Frauenrechtlerin Hedwig Dohm erinnert sich, dass »wir drei Jahre hintereinander eine Sommerwohnung im Tiergarten bezogen. Das kleine Haus befand sich ungefähr da, wo heute die Regentenstraße in den Tiergarten mündet. Auf dem weiten ungepflegten Terrain, das sich bis zum Graben ausdehnte, standen noch drei oder vier andre Sommerhäuschen«. Doch eins der Häuser hatte schon »eine stattliche villenartige Fassade«.

Als der Schriftsteller und Journalist Julius Rodenberg um 1860 »in diese Gegend der Stadt kam, ... da waren mehr Pappeln hier; in der Tat, mehr Pappeln als Häuser. Das Haus, in dem ich jetzt wohne« – es stand in der Margaretenstraße, der heutigen Scharounstraße – »war noch nicht, und die Straße, in der es steht, war noch nicht, und alle anderen Straßen um sie her waren auch noch nicht. Gärten waren da, mit kleinen, niedrigen, einstöckigen Häuschen und gemütlichen Leuten darin, denen man in die Fenster sehen konnte, wenn man vorüberging. Man konnte sie, bei der Lampe, rund um den Tisch sitzen und ihr Abendbrot essen sehen, welches ihnen in der Regel ausgezeichnet schmeckte. Still war es hier wie auf dem Lande; Wagen kamen selten, und Omnibusse gab es noch nicht. Aber Pappeln gab es, die schönsten und die größesten, die man sehen konnte ... Saatfelder waren damals zu beiden Seiten der Pappelallee und Wiesen und Gräben, und etwas davon war noch übrig ... wiewohl das Saatfeld hier und da schon hinter Holz- und Kohleplätzen verschwand, die Wiesen sich in Baugrund verwandelten und die Gräben in einen Kanal, auf welchem Torfkähne gingen und demnächst der erste Apfelkahn erschien.

Wo der Apfelkahn erscheint in Berlins Gewässern, da darf

man auf eine Wendung der Dinge gefaßt sein; heute noch ein einsames Zeichen der vordringenden Kultur, wird er morgen oder übermorgen von neuen Häusern, neuen Straßen, neuen Menschen umgeben und in dieser sich überstürzenden Menge des Neuen das einzige Ding sein, welches mit einem gewissen Ausdruck von Alter, Stabilität und Ehrwürdigkeit seinen Platz behauptet.«
Für Walter Benjamin ist der Apfelkahn ein Zeichen, das den »alten« Westen zum »antiken« macht, »aus dem die westlichen Winde den Schiffern kommen, die ihren Kahn mit den Äpfeln der Hesperiden langsam den Landwehrkanal heraufflößen, um bei der Brücke des Herakles anzulegen«.

Die kleine Kirche

Die »kleine Kirche« stand schon, als die Schriftstellerin, Malerin und Salonnière Wilhelmine Bardua in die Lennéstraße kam – die Theodor Fontane in seinem Roman *Cécile* als »so still und verkehrslos …, als ob es eine Privatstraße wäre mit einem Schlagbaum rechts und links«, beschreibt. Mine Bardua notiert in ihrem Tagebuch: »Als wir heute morgen nach der Lennéstraße kamen, war Emilie mit den Kindern in die Matthäikirche gegangen. Wir gingen dahin, um sie abzuholen. Es war recht still um die kleine Kirche herum. Sie liegt ganz im Grünen. Vor dem Portal ist ein Rasenplatz, auf dem Kinder saßen und mit den Kuhblumen spielten. Viele Equipagen hielten in der Nähe – der neue Prediger Büchsel ist gerade in den höheren Regionen der Gesellschaft sehr beliebt. Endlich hört man die Orgel zum Ausgang spielen. Es war immens, welche Menge geputzter vornehmer Frauen aus den Türen strömte – ich konnte mir gar nicht vorstellen, daß diese Menschenflut in der kleinen Kirche Raum haben könnte.«

Die Gemeinde wuchs stark, schreibt der seit 1846 zum Hauptpfarrer der St. Matthäus-Kirche berufene Carl Albert Ludwig Büchsel in seinen Erinnerungen an sein Berliner Amtsleben. »Neue Häuser wurden gebaut, sogar neue Straßen entstanden: in der Matthäuskirch-Straße war nur ein kleines Haus, das dem Professor Michelet gehörte, bald aber wurde die Straße gepflastert und an beiden Seiten bebaut, die Stelle aber, wo das Pfarrhaus stehen sollte, blieb zunächst noch unbenutzt, weil das Geld fehlte.« Büchsel sah in seiner Kirche »oft berühmte Männer, wie v. Savigny, Stahl, v. Manteuffel, Bodelschwingh, die Grafen v. Voß, v. Arnim, v. Redern.«

Um die Kirche herum gab es zahlreiche Lokale, in denen Polka getanzt wurde. Polkakneipen nannte sie der Volksmund, welcher der Kirche damit auch ihren Spitznamen gab. So wie Polka der Modetanz der Zeit war, wurde es bald Mode, sonntags in die »Polkakirche« zu gehen. Ihr und dem »Sommervergnügen« widmet Gottfried Keller sein Gedicht:

Polkakirche

Wie nach dem Rezept geschaffen,
fein und niedlich ist der Tempel.
Angemeßnen jungen Leuten
Ein erbaulich Bauexempel!

Byzantinisch jede Fuge,
Bogen, Bögelchen und Kehlen:
Nur die phantasiegebornen
Alten Fratzenbilder fehlen.

Durch die byzantin'schen Pförtchen
Rauscht es leis in Samt und Seiden:
Drinnen glitzert's fromm und geistreich
Wie zu der Komnenen Zeiten.

Hofhistoriographen lispeln
Mit ergrauten Paladinen;
Nach den Mosaiken blicken
Kammerherrn mit Betermienen.

Und die Kanzel mit dem glatten
Superintendent garnieret –
Ja, den Glaspalast zu London
Hätte dieses Werk gezieret!

Um sich heute zwischen Botschaften, Landesvertretungen und Museen überhaupt Straßen und Häuser vorstellen zu können, kann die kleine Kirche Orientierung bieten. Denn viele der Straßennamen sind verstummt, wurden geändert, die Straßenverläufe sind andere, viele existieren gar nicht mehr.

Besucht man heute von der Tiergartenstraße aus das Viertel, fehlen die kleineren von ihr abgehenden Straßen – wie die Victoriastraße oder die Margaretenstraße, die verkürzt zur Scharounstraße geworden ist; aus einem Teil der Regentenstraße wurde die Hitzig-Allee, die Königin-Augusta-Straße ist zum Reichpietschufer geworden und die Bendlerstraße heißt nun Stauffenbergstraße; die Potsdamer Straße hatte einen anderen Verlauf. Die heutige Hiroshimastraße hieß Hohenzollernstraße und führte bis an die Spree, an den ehemaligen Schafgraben, die ehemalige Königin-Augusta-Straße. Aus der Adresse »In den Zelten« am nördlichen Ausgang des Tiergartens ist die John-Foster-Dulles-Allee geworden; hier steht heute das Haus der Kulturen der Welt.

Matthäus-Kirche um 1885

Die Matthäikirchstraße aber gibt es noch. In ihrer Nähe unterhielt die zu ihrer Zeit bekannte Schriftstellerin Fanny Lewald, die in ihren Romanen für die Rechte und die Unabhängigkeit der Frauen eintrat, mit ihrem Mann Adolph Stahr einen Salon. Als sie 1847 nach einer Italienreise zurück nach Berlin kommt, findet sie die Stadt »ungemein verändert. Früher hatte sich das Leben vorzugsweise in der Königsstadt und in dem Stadtteile bewegt, welcher das Schloß, die Linden und die zunächst liegenden Straßen umfaßte. Kam man achtzehnhundert vierzig nach den Stadttheilen in der

Gegend des Potsdamer Thores, so war es dort einsam wie in Darmstadt oder Karlsruhe. Jetzt war das anders geworden. Die Anhalter Eisenbahn und die von Potsdam aus weiter eröffneten Schienenwege zogen die Menschenmassen und den Verkehr nach dem Westende der Stadt. Es waren dort neue Straßen, wie die Anhalter Straße und der Askanische Platz entstanden; das ganze Viertel zwischen dem Askanischen Platz und der Potsdamerstraße befand sich im Bau. Rund um den Thiergarten erhoben sich neue Häuser, und zwar mit einem Aufwande und mit einem Geschmack, von welchem früher bei Privatbauten nicht entfernt die Rede war. Der Luxus war überhaupt auffallend gestiegen.«

Zehn Jahre vorher hatte es noch anders ausgesehen, wie Theodor Fontane die Wohnung des Dichters Christian Friedrich Scherenberg in der Tiergartenstraße beschreibt, in die er um Ostern 1838 gezogen war, »eine Wohnung in dem bekannten kleinen Eckhause der Tiergartenstraße, das nach dem Tiergarten hin einen kleinen Posamentierladen und nach der Bendlerstraße hin eine kleine Konditorei hat. Unsres Dichters Wohnung lag im ersten Stock, aber diese ›Beletage‹ bestand aus nichts als aus zwei geweißten Stuben, in denen es, als der Winter kam, bitterlich kalt wurde. Zum Heizen hatte man nur das Reisig, das die Kinder in dem angrenzenden Tiergarten sammelten, dem man ohnehin, aus Sommer- und Herbsttagen her, für Champignons und Steinpilze verpflichtet war.«

Den Matthäikirchplatz schildert der Schriftsteller und Diplomat Ernst Wildenbruch anlässlich des 72. Geburtstags von Wilhelm Grimms Sohn, dem Kunsthistoriker und Pu-

blizisten Hermann Grimm, im Jahr 1900 als einen »stillen Fleck Erde. Die Straßen, die auf ihn münden, sind ebenfalls ziemlich geräuschlos und ihre Geräuschlosigkeit fließt wie ein stiller Strom in dem Platz zusammen, der sie wie ein Sammelbecken in sich aufnimmt. Alles reinlich, ehrbar, sanft und still. In sanft geschwungenen elliptischen Linien umlagern die Häuser zur Rechten und Linken die Matthäi-Kirche, die zwischen ihnen liegt, und der der Platz seinen Namen verdankt. Sanft, ohne Gedränge, reihen sich die Häuser, als wollte keins das andere verhindern, nach der Uhr zum Kirchturm hinaufzublicken. … Vor der Kirche liegt ein grüner Rasenfleck, hübsch elliptisch, wie alles auf dem Platz, und auf dem Rasenfleck steht eine Sandsteinfigur, wahrscheinlich den Apostel Matthäus darstellend, vor der ich auch noch niemals bewundernde Beschauer erblickt habe. …
Der Matthäikirchplatz … ist ein charakteristisches Stück des Berlin, wie es vor zwanzig, dreißig Jahren noch ziemlich allgemein war, und aus dem das jetzige, sich so anders gebärdende Berlin doch schließlich hervorgegangen ist, das Geheimrats- und Professoren-Berlin. … An dem ganzen Platze ist kaum ein einziger Laden. Die Bewohner des Platzes würden, wenn sie nicht von Zeit zu Zeit in andere, belebtere Teile der Stadt kämen, aus eigener Anschauung noch nicht einmal wissen, wie eigentlich eine Pferdebahn, geschweige denn eine elektrische Straßenbahn aussieht. Das Leben zieht sich eben zurück, in die Stuben, womöglich in die nach hinten, nach den alten Gärten hinaus gelegenen Hinterstuben.«

Hinterstuben waren es wohl nicht, in denen sich das gesellschaftliche Leben des Viertels um die Jahrhundertwende abspielte. Viele der prominenten Bewohnerinnen unterhielten im Umkreis der kleinen Kirche in den Villen und großen Wohnungen Salons. Schon 1843 hatte Wilhelmine Bardua mit Bettina von Arnim und deren Töchtern sowie der Schriftstellerin und Salonnière Marie von Olfers den »Kaffeter« gegründet, einen Club für unverheiratete künstlerisch tätige Frauen. Marie von Bunsen, die selbst in ihrer Wohnung in der Kaiserin-Augusta-Straße zu Sonntagsfrühstücken einlud, schreibt: »In der Matthäikirchstraße unweit der Viktoriastraße wohnte ein literarisch-schöngeistiger Kreis. Als ich noch ›jung und gut‹ war, verschlang ich Hermann Grimms Werke. ... Wie grenzenlos er seine Schwiegermutter Bettina von Arnim verehrte, ist bekannt. Marie von Olfers hat es mir erzählt. ... Hermann Grimm war die Säule der ›Deutschen Rundschau‹ und bei Julius Rodenberg und seiner Gattin drehte sich alles Sinnen und Trachten um die rötlichen Hefte dieser damals tonangebenden Monatsschrift. ... Bald luden Rodenbergs mich ein und oft und gern bin ich dort zu Gast gewesen. Über vierzig Jahre haben sie den dritten Stock des Eckhauses der Matthäikirchstraße und Margaretenstraße bewohnt. Um die Ecke, Margaretenstraße 3, war Ludwig Bamberger zu Hause, gegenüber, Matthäikirchstraße 7, Hermann Grimm, und schräg gegenüber, Matthäikirchstraße 13, Erich Schmidt. Rodenbergs sahen von ihrem Balkon auf den stillen Platz, auf die Fliederbüsche vor der Kirche.«
Man musste nur um die Ecke gehen, um von einem Salon zum nächsten zu gelangen.

Salons

Der wirtschaftliche und kulturelle Aufschwung, den Berlin unter der Regierung König Friedrich Wilhelms IV. von Preußen, dem »Romantiker auf dem Thron«, erlebte, führte nach 1840 zu einer Renaissance der Salons. Renaissance, weil es in den dreißiger Jahren bedingt durch Alter, Krankheit oder Tod der großen Salonnièren weit weniger Salons gab als in ihrer Glanzzeit, die nach Fanny Lewalds Ansicht bei ihrer Ankunft in Berlin 1838 längst vorbei gewesen sei. Eine neue Generation von Salonnièren, die sich stärker mit politischen Fragen auseinandersetzte, übernahm das Erbe. Sie nahmen die früher häufig aus Lesekreisen hervorgegangenen Treffen wieder auf, das, was die berühmten Begründerinnen der zum Mythos gewordenen Berliner Salons, Henriette Herz und Rahel Levin, spätere Varnhagen, erschaffen hatten: eine freie, anspruchsvolle, (bildungs-) bürgerliche, interessenübergreifende, regelmäßige Zusammenkunft und Geselligkeit. Sogar die Gäste seien häufig noch dieselben gewesen, wie die Salonexpertin Petra Wilhelmy-Dollinger schreibt. Vor allem von Frauen geführt, sehen sie sich in der Tradition der Aufklärung. Tolerant in Klassen- und Glaubensfragen, wenn auch politisch durchaus unterschiedlich orientiert, treffen Hofgesellschaft und Bürgertum, Künstler, Literaten und Wissenschaftler zusammen. Diese Form privater Öffentlichkeit, »das erträumte Idyll einer gemischten Geselligkeit«, war eine Bühne für die Emanzipationsbestrebungen von Frauen. Die oft von

Jüdinnen geführten Salons als Orte gelungener Assimilation zu bezeichnen, bezweifelt Hannah Arendt. Sie sieht darin »das Produkt der zufälligen Konstellation in einer gesellschaftlichen Übergangsepoche ... sie gaben in den jüdischen Häusern der heimatlosen bürgerlichen Bildung einen Boden und ein Echo, das sie nirgends anderswo zu finden hoffen durften«. Einen Salon zu eröffnen bewegte »vor allem Außenseiterinnen der Gesellschaft (wie immer dieses Außenseiterdasein begründet gewesen sein mag)«, so die Historikerin Petra Wilhelmy-Dollinger. »Neben den jüdischen Frauen ... waren es ... Frauen, die nicht von Haus aus Berlinerinnen waren, sondern aus der Provinz, dem übrigen Deutschland oder dem Ausland zugezogen waren. Der Salon war ein aktives Mittel gesellschaftlicher Integration.«

Der »Habitué«, wie der regelmäßige Besucher genannt wurde, konnte einen ganzen Tag oder sogar eine gesamte Woche von Salon zu Salon flanieren – vom Frühstückskaffee, zum Tee, zur Abendgesellschaft. Sonntags zu Elisabeth Lepsius in die »Casa Lepsia« in der Bendlerstraße oder zum Frühstück bei Marie von Bunsen in der Königin-Augusta-Straße, montagabends zu Fanny Lewald in die Matthäikirchstraße, mittwochabends dann etwas weiter zu In den Zelten, wo Felicie Bernstein oder gegenüber Bettina von Arnim empfingen, donnerstags zu Marie von Olfers in die Margaretenstraße, zu Wilhelmine Bardua in die Lennéstraße, zu Wildenbruchs in die Hohenzollernstraße oder noch einmal zu Marie von Bunsen in die Königin-Augusta-Straße und wieder in die Matthäikirchstraße zur gastrosophischen Abendgesellschaft von Julie Elias und weiter bis zu Hedwig Dohm in die Potsdamer Straße.

Im Salon von Fanny Lewald, Matthäikirchstraße 18, mit seinen legendären »Montagabenden« verkehrten Bettina von Arnim, Karl August Varnhagen von Ense, der Mann der Salonnière Rahel Varnhagen, Felix Mendelssohn, Franz Liszt und sogar der menschenscheue Adolph Menzel. Theodor Fontane äußert sich in einem Brief an einen Freund recht abfällig über sie, denn sie sei »so über alle Beschreibungen langweilig«.
Fanny Lewald wiederum freut sich auf Bettina von Arnim, kann jedoch deren Begeisterung für die revolutionären Unruhen 1848 nicht teilen: »Gestern kam sie endlich, solo, blieb von halbzwölf bis oder zwölf Schlag drei. Sie muss schön gewesen sein, war die ersten eineinhalb Stunden prächtig, dann aber ging ein so konfuses Geschwätz los über eine an sich interessante Geschichte aus dem Proletariat, dass mich vor Unbehagen frieren ließ.«
Karl August Varnhagen beschwert sich über Bettina von Arnim, sie sei nur zu ihm gekommen, »um auf Fanny Lewald loszuziehen, das ›Schwein‹ habe sich erfrecht, in dem elendesten zusammenhanglosen Roman das Bild von Rahel zu verhunzen, mit wahrem Blödsinn und schreiender Unwissenheit. ›Das Mensch‹ wisse auch gar nichts, ebenso wenig von der feinen Welt. Alles fasse sie mit rohen Händen an.« Während der Märzunruhen der Revolution von 1848 notiert Wilhelmine Bardua in ihrem Tagebuch: »Die Politik verschlingt jetzt jedes andere Interesse – kaum daß ich noch Humboldt lesen kann. Heute mittag war erst Frau Savig-

ny da, ordentlich nervenschwach vor Aufregung, dann die Arnim, die hofft, daß es nun recht ordentlich losgehen soll. Man erwartet jeden Tag Aufruhr.« Vier Tage später: »Gestern war bei uns Kaffeter, aber die Unruhe der Zeit steckte allen in allen Gliedern. Hermann Grimm lief ein paar Mal fort, um zu sehen, wie es stünde – es war noch kein Aufruhr, aber doch eine gewisse unheimliche Bewegung. … Eine große Unterbrechung in dem Gesellschaftsleben ist eingetreten. Jedermann bleibt zu Haus und wartet, was kommen wird. Ich habe gutes Vertrauen, daß dieses kleine Volksdrama bald ohne schlimmere Folgen verflogen sein wird. Es ist doch wohl nur der Pöbel, der denkt, nun komme die Reihe einmal an ihn, es werde sich alles umdrehen und die Niedrigen würden nun herrlich leben und sich in die Betten der Reichen und der Könige legen.« Das sieht Bettina von Arnim allerdings anders, wie sie in einem Brief am 18/19. März 1848 schreibt: »heute Nacht sind Proclamationen gedruckt wo der König den Bürgern alles nachgeben will, und sie seine Lieben Berliner nennt, das Volk hat alle diese Proclamationen mit den Zähnen zerrissen; sie wollen alle *Den Tod des Königs!* – sie haben von den Dächern herunter sich vertheidigt es ist nicht ein Bürger in Berlin, der nicht als Feind des Königs dasteht, die vornehmen Leute alle eben so wie die geringen fluchen dem König!«

Weniger erregt und kontrovers muss es im Salon von Hedwig von Olfers zugegangen sein, denn Fanny Lewald stöhnt nach einem Besuch: »um 9 Uhr zu Olfers gegangen und bis 10 ½ Uhr viel Langeweile ausgestanden. Grafen, Grafen, nichts als Grafen!«

Der Olfers'sche Salon war, wie der Schriftsteller Alexander von Sternberg, einer der Habitués, in seinen *Erinnerungsblättern* schreibt, »alle Donnerstage offen und man fand gleich beim Eingange, der mit antiken Büsten geschmückt war, den Herrn des Hauses, der gewöhnlich ein paar ›vornehme‹ Gäste mit Vorzeigung antiker Kupferstiche unterhielt. Ging man weiter, so fand man die Damen des Hauses und diese bestanden in einer ausnehmend klugen und liebenswürdigen Mutter und zwei schönen talentvollen Töchtern. Frau von Olfers, die Tochter des unter Wittgensteins Herrschaft sehr mächtigen Staatsrats Staegemann, war zu bequem, einen vollgefüllten Raum in Ordnung zu halten oder in einzelne Gruppen nach Taktik des Salons zu verteilen. Deshalb waren die Zusammenkünfte nicht das, was sie hätten sein können. Die vom Hofe begünstigten Künstler stellten die anderen ungebührlich in den Schatten und man weiß, wie leicht ein deutscher Künstler auf dem Boden des Parketts in den Schatten zu stellen ist. Die Ellenbogenstöße sind ihm nicht gegeben. Ich habe den vielleicht größten Künstler, den Preußen hat, dort sehr unbeachtet gesehen, den Historienmaler Adolph Menzel, während der Hofliebling und russische Begünstigte, der Parademaler Krüger, einer ganz anderen Beachtung sich erfreute. Menzel hatte damals freilich noch wenig geleistet, aber das Wenige zeigte dem Kenner schon vollkommen, was zu erwarten war. Er war aber von keinem Hofe empfohlen und beschützt. Zuweilen, obgleich selten, fanden auch vorlesende Poeten einen Abend ihren Produktionen geöffnet; aber dies waren ebenso solche, die mit einem Geleitschein vom Hofe kamen. Wem die Atmosphäre behagte, mochte sich darin bewegen;

stärkere Geister, die diese hofgefällige, beifallnickende und nach äußeren Zeichen der Gunst hinlauschende Gesellschaft nicht mochten, zogen sich zurück zum großen Leidwesen der gescheiten geistvollen Damen, deren einige sich in diesem Salon fanden und die nun gleichsam aufs Trockene zu sitzen kamen. Herr von Varnhagen verließ den Salon, weil er den Kreis nicht fand, der zu ihm paßte und zu dem er paßte. Fürst Pückler kam nie hin.«

Die älteste der Berliner Salonnièren führte seit dem Tod ihrer Mutter Hedwig von Olfers den Staegemannsch-Olfers'schen Salon in der dritten Generation am selben Ort weiter, in der Margaretenstraße 7. »Als lebendiges Denkmal ihrer selbst verkörperte Marie von Olfers in besonderer Weise das ›alte Europa‹«, und die Salonnière Marie von Bunsen sieht in ihr »die letzte Vertreterin jenes Lebensstils der äußeren Anspruchslosigkeit und des inneren Gehaltes«.

In der Bendlerstraße 18 hatte der Sprachforscher und Begründer der Ägyptologie Karl Richard Lepsius, Direktor der Ägyptischen Abteilung der Königlichen Museen, sich nach einem Entwurf des Architekten F.A. Stüler ein Haus errichten lassen. Im Auftrag von Wilhelm IV. leitete er zwischen 1842 und 1845 die erste preußische Expedition nach Ägypten. Die Fundstücke kamen in das Königliche Museum und werden in dem 1850 eigens dafür erbauten »Neuen Museum« in der von ihm selbst konzipierten Ausstellung bis heute gezeigt.
»Die Bendlerstraße wurde zu Anfang der 1850er Jahre von dem Maurermeister Bendler angelegt. Sie verbindet den

Villa Lepsius, Bendlerstraße 18

Tiergarten mit dem Landwehrkanal, damals Schafgraben genannt, und läuft parallel mit der bereits in den vierziger Jahren angelegten Matthäikirchstraße. Die Freunde hatten ihn davor gewarnt, so weit hinauszuziehen; es würde ihn niemand dort besuchen. Aber Elisabeth sagte: ›die rechten Freunde‹ werden schon kommen, und gerade das Landleben da draußen war ihre Sehnsucht für sich und die Kinder«, schildert Lepsius Sohn Bernhard die Anfänge. Die Befürchtungen traten nicht ein, denn »da kann man am Sonntag Nachmittag hingehn und trifft in schönen Räumen allerlei Menschen«, wie der Kunsthistoriker Heinrich Wölfflin, der in der Tiergartenstraße 18 wohnte, über seine Besuche im Haus des Ägyptologen schreibt. Die Freunde kamen und Lepsius lud sie ein, in seinem Garten Bäume zu pflanzen, die er nach ihnen benannte. 140 Bäume habe er mit Namen und Datum der Pflanzung auf Porzellanschildern beschriftet: eine Trauereiche war nach Hermann Grimm benannt, eine Pyramideneiche nach Alexander von Humboldt, Ernst Curtius war Namensgeber für einen Gravensteiner Apfel, Jakob Grimm für eine Kronenrenette – und ein Walnussbaum trug den Namen von Wilhelm Grimm.

Zu den Freunden, die in die »Casa Lepsia« kamen, zählte auch die Schriftstellerin, Malerin und Salonnière Marie von Bunsen. In ihren Erinnerungen schreibt sie: »Auf dem eingezäunten Hofe befand sich an der Nordseite der Kuhstall im Schweizerstil, der einen Raum für die Kuh Hathor, einen Geräteraum und den Hühnerstall barg. Im Dach lag der Heuboden mit dem Taubenschlag. Der Wächter des Hauses war der Kettenhund Ramses, ein Bernhardiner, dem sich später ein kleiner Findling Annubis zugesellte. Großen Wert legte der Besitzer auf die Mannigfaltigkeit der Gewächse unter denen sich viele Seltsamkeiten befanden …
Schon als Kinder waren wir manchmal im schönen gartenumgebenen Lepsiushaus in der Bendlerstraße 18 gewesen. Die Zimmer erschienen mir fast ärmlich kahl, aber viele Raffaelitische Stiche hingen an den Wänden. Wir erhiel-

ten Gußzwiebäcke und Kaffee, nähten Armensachen unter alten Bäumen und sangen dazu. Die Geselligkeit im Lepsiushaus war ungewöhnlich rege und hübsch, es wurde viel musiziert, der Kreis war mannigfach und belebt. Als erwachsenes junges Mädchen ging ich manchmal mit meinem Vater sonntags hin; man saß um den Sofatisch, erhielt Kaffee und Napfkuchen, das Gespräch hielt sich immer, wie mir diese wohl auffiel, auf der Höhe. Der Ägyptologe war eine stolze, vornehme Erscheinung. Schlicht im schwarzen Wollkleid mit schwarzem Sitzhäubchen ging die etwas gebückte Hausfrau umher und schenkte ein. … Die Wesendoncks zogen nach Berlin … Fast nur Wagnergemeinde bei ihnen versammelt … In den folgenden Jahren habe ich in dem prachtvollen Wesendonckschen Haus, Unter den Zelten 21, viel verkehrt. … Einmal hatten wir die Ehre Menzel bei uns zu sehen. Im November 1893 besuchte uns Waldstein, der amerikanisch-deutsche Salon-Archäologe. Er war nach Berlin gekommen, um den von ihm über alles bewunderten Menzel kennenzulernen, ihm fehlten jedoch alle Berührungspunkte, so wagten wir, trotz unserer oberflächlichen Beziehungen, den Versuch: Papa und ich klopften zaghaft an Menzels Ateliertür, um ihn mündlich einzuladen. Trotzdem wir ihm ungelegen kamen – es war schon fast düster, und noch immer saß ihm ein Modell – empfing er uns recht höflich. Gnomenhaft wirkte er, als er die Tür öffnete und uns scharf ansah; mich, die ich zunächst stand, hielt er wohl für ein sich vorstellendes Modell. Er ging damals fast niemals aus, und wir versprachen ihm, er dürfe gleich nach Tisch fortgehen. Er blieb jedoch bis 11 Uhr und schien sich gut zu unterhalten. Man merkte ihm deutlich an, wie unsympathisch ihm jede an Überschwänglichkeit oder Phrase erinnernde Gefühlsäußerung war, doch konnte er auch warm bewundern.«

Marie von Bunsens frühe Erinnerungen datieren aus der Zeit, als sie mit ihren Eltern in der Maienstraße wohnte, die nah am Tiergartenviertel lag. Dort lebte sie »fast wie in einem Landhaus. Wir hatten Stall-Kutscher – und Gärtnerwohnung, Gewächshaus. Es wurden Schweine und Tauben gehalten. Besonders hübsch war die breite, vor der Halle liegende Terrasse, waren die Spaliere und Blumenbeete. Schon nach wenigen Jahren wurde der von dem alten Nußbaum beschattete Tennisplatz eingerichtet. Tennis war erst eben in England aufgekommen, mit Ausnahme des Tennisplatzes der englischen Botschaft war unsrer der erste in Berlin.«

Nach dem Tod des Vaters war das Haus für die Familie von Bunsen nicht mehr zu halten. In der Königin-Augusta-Straße 41 hatte Marie von Bunsen im ersten Stock eine Gartenhauswohnung für sich allein gefunden und war von ihr entzückt: »Zwischen Kanal und Tiergarten, der weitaus größere Teil meiner Bekannten wohnte ›um die Ecke‹. Das niedrige Gebäude war mit wildem Wein bewachsen, lange Ranken fielen vor meiner Loggia hernieder; hinter dem Haus erstreckte sich ein großer alter Garten, ich hörte keinen Straßenlärm, wohl aber Amseln und Buchfinken, ja sogar den Pirol. Hätte die Marine nicht 1911 den ganzen Komplex angekauft und niedergerissen und dort das Reichsmarineamt eingerichtet, säße ich noch heute dort. Nur der Frau unseres ehemaligen Gärtners hat es mißfallen;

sie kam, um es sich anzusehen, und die Tränen standen ihr in den Augen. ›Daß unser Gnädiges Fräulein so herunterkommen mußte! Daß sie in einem Hinterhaus wohnt!‹ … Bereits im ersten Winter begann ich Menschen bei mir zu sehen.« Sie lud alle ein, in deren Häusern sie selbst verkehrte, und war, wie sie stolz bekennt, »die erste, geraume Zeit über die einzige unverheiratete Dame, der, ohne Amt, noch eigentlichen Beruf, in der Berliner Gesellschaft die Stellung einer verheirateten Frau eingeräumt wurde«. Wie es sich für einen Habitué gehört, äußert sich der Bohemien und Gesellschaftsschriftsteller Oscar A. H. Schmitz lobend über seine Gastgeberin, die ihrer Gastlichkeit das »höchste Niveau« zu geben wusste: »Sie führte kein großes Haus, aber ich muß ihr ein Kompliment machen, daß es das einzige war, wo man die Kompositionslehre der Geselligkeit aus dem Grunde verstand. … Weil Frau von Bunsens Tisch klein war, mußten die Gäste sehr kontrapunktiert werden. Jedes ihrer Sonntagsfrühstücke war in dieser Hinsicht ein Kunstwerk. … Eine Exzellenz oder ein großer aristokratischer Name, der sich nicht mit einem hohlen Kopf oder einer trockenen Seele verband, gab der Veranstaltung Glanz, darum gruppierten sich ein paar kleine Kronen, sowie geistreiche Leute und die eine oder andere hübsche Frau.«

Sie sei seit 1893 oft bei Wildenbruchs gewesen, schreibt Marie von Bunsen, »einem erfolgreichen Dramatiker, der 1897 die von Magnus Hirschfeld initiierte Petition zur Abschaffung des Paragraphen 175 gegen die Verfolgung homosexueller Handlungen unterstützt hat«. 1919 eröffnete Hirschfeld In den Zelten 10 das Institut für Sexualwissenschaften.

Matthäikirchstraße

Ernst von Wildenbruch lebte, wie man von ihr erfährt, »um die Ecke«, in der Hohenzollernstraße. Zu seinem Kreis zählten auch der Historiker Theodor Mommsen, der Theologe Wilhelm Dilthey, der Verleger Erich Schmidt und die von Raths. Anna von Rath und ihr Salon in der Victoriastraße wurden gern besucht. Die vornehme Frau von Bunsen mokiert sich über die wenig intellektuelle Gastgeberin. »Von der neuen Literatur wußte sie fast nichts, von Gerhart Hauptmann nur, daß er ziemlich gräßliche Sachen, vor allem ein sozialistisches Skandalstück geschrieben habe. Da sprach man ihr in Wahnfried von seiner Bedeutung und zu meiner Überraschung teilte sie mir im November 1912 mit: ›... Unser größter Dichter ... ach, wie heißt er doch? ... ach, Sie wissen doch?‹ ... ›Gerhart Hauptmann, liebe gnädige

Frau?‹ … ›Ja, natürlich … er kommt am nächsten Freitag zu mir.‹ Ich war gespannt. Freitag, acht Uhr, kam. Die üblichen Durchlauchten und Exzellenzen waren versammelt, denn in jener etwas offiziellen Welt, in der viele vom Oktober an bis zum April jeden Abend ausgingen oder Gäste empfingen, war man musterhaft pünktlich. Weniger genau nahmen es die anderen Kreise. Endlich erschien die mir von dem Theatervorhang her bekannte vornehme Gestalt, neben ihm die schlanke Gattin. Obwohl eine elegante Frau, hatte sie den Stil dieser Gesellschaft, in der alle Damen ausgeschnitten gingen, nicht erfaßt und trug ein hohes fußfreies Kleid. Niemand kannte das Paar. Ich stand zwischen zwei Exzellenzen, sie flüsterten: ›Wer mögen die nur sein?‹ Trotzdem Frau von Rath noch immer über seinen Namen stolpert (ihr Gedächtnis wurde recht durchlöchert), ging sie von diesem Abend an für ihn durchs Feuer.«

An den Mittwochabenden bei Carl und Felicie Bernstein war auch Max Liebermann zu Gast. Der Professor an der Kunstakademie und Präsident der Berliner Secession hatte 1884 die erste gemeinsame Wohnung mit seiner Frau Martha In den Zelten 11 bezogen, gegenüber von Bernsteins. 1908 schreibt er eine Erinnerung an diesen Salon:
»Im Jahre 1885 oder 1886 wurde ich mit Bernsteins bekannt, und zwar durch Woldemar v. Seidlitz oder Professor Treu – ich entsinne mich nicht mehr durch welchen von diesen beiden – jedenfalls hatten mir beide von ihrem reichen Besitz an französischer Kunst vorgeschwärmt. Sie wohnten meiner damaligen Wohnung gerade gegenüber in den Zelten 23 in der zweiten Etage des Hauses, welches

von seinem Erbauer für den Präsidenten des Reichstages als interimistische Wohnung während des Baues des neuen Reichstagsgebäudes in kluger Voraussicht bestimmt war. In allzu kluger Voraussicht, denn der Präsident bezog das Haus nie, aber der Unternehmer ging an seiner Spekulation bankrott. Auch war die Bestimmung, die sich so wenig erfüllen sollte, nur kenntlich an einem großen Saale, an dessen Plafond die Wappen sämtlicher deutscher Bundesfürsten angebracht waren: sonst war das Haus der übliche Maurermeister-Renaissance-Prachtbau der 80er Jahre mit der obligaten überladenen Stuckverzierung, deren Ornamente sich loszulösen und den harmlosen Passanten zu erschlagen drohten. Hatte man aber die zwei übermäßig hohen Treppen glücklich erklommen, so wurde man beim Eintritt in die Bernstein'sche Behausung um so angenehmer überrascht: man fühlte sich nicht nur in ein anderes Haus, sondern in eine andere Stadt versetzt: nach Paris.
Heutzutage ist der Unterschied zwischen einer Pariser und Berliner Wohnungseinrichtung nicht mehr so groß wie damals, denn inzwischen ist Berlin aus der vornehmen mittelgroßen Residenzstadt zur riesengroßen Weltstadt emporgewachsen. …
Bernsteins waren ganz nach Pariser Geschmack eingerichtet, ich glaube sogar, daß das ganze Mobiliar aus Paris stammte mit den Aubussons, den wundervollen Gobelins, den herrlichen holzgeschnitzten und vergoldeten Fauteuils, die mit den schönsten Tapisserien aus der Zeit bezogen waren.
Mich interessierten am meisten die Bilder der Impressionisten. … Nie vorher war wohl ein impressionistisches Bild

Salon Carl und Felicie Bernstein, In den Zelten 23

nach Berlin gekommen und das Entsetzen, welches die Bernstein'sche Sammlung hier hervorrief, ist verständlicher, wenn man bedenkt, daß die Impressionisten in Paris selbst damals noch längst nicht anerkannt waren. Ich habe schon vor Jahren in meinem Büchelchen über Degas die hübsche Geschichte erzählt, wie Menzel, nachdem er die Bilder lange und eingehend betrachtet hatte – öfter stieg er auf einen Stuhl, um sie durch das Lorgnon über der Brille näher sehen zu können – Frau Bernstein fragte: ›Haben sie wirklich Geld für den Dreck gegeben?‹ Aber ich habe damals, da Bernsteins noch lebten, dies Geschichtchen ohne Namensnennung erzählt, und auch ohne den Schluß, der für den ehrlichen Charakter Menzels zu bezeichnend ist, als daß ich ihn verschweigen sollte. Als nämlich Menzel bemerkte, wie peinlich sein abfälliges Urteil Bernsteins berührt hatte, entschuldigte er sich bei der Dame des Hauses mit den Worten: ›Es tut mir sehr leid, mich so unhöflich über Ihre Sammlung geäußert zu haben, aber es ist meine aufrichtige Überzeugung. Ihre Bilder sind scheußlich.‹

Wie sich der Geschmack ändert: in der Sammlung befanden sich die schönsten Stilleben Manets, darunter der weiße Flieder, den Frau Bernstein der Nationalgalerie vermacht hat, die Klatschrosen, ein sehr schöner Degas, vor allem aber wundervolle Cl. Monets, darunter das berühmte Champ de coquelicots, das Frau Bernstein mir hinterlassen hat, weil ich das Bild stets besonders bewundert habe.

Wie die Bilder und die ganze sonstige Einrichtung, so muteten Bernsteins selbst französisch an, was nicht verwunderlich war, da sie früher in Paris gewohnt hatten, wo sie ihre vertrautesten, verwandtschaftlichen Beziehungen hatten. Man glaubte sich in einem Pariser Salon, welcher Eindruck vielleicht noch dadurch erhöht wurde, daß man stets ausländische Gäste bei ihnen traf. …

Bei Bernsteins traf sich alles: neben Mommsen und Curtius – die sich allerdings sehr wenig gegenseitig liebten und sich auch nur sehr einseitig schätzten, daß heißt Curtius schätzte Mommsen, ohne daß letzterer für Curtius als Gelehrten etwas übrig zu haben schien – Frau Artôt de Padilla oder ein anderer Bühnenstern, Georg Brandes und Max Klinger, vom Museum Bode und Lippmann, in späteren Jahren Tschudi, aus Dresden Treu und Seidlitz, von Schriftstellern Karl Emil Franzos und tutti quanti, die gerade ein Stück aufgeführt oder einen Roman veröffentlicht hatten,

Politiker und Diplomaten aus allen Lagern, dazu die sich in Berlin gerade aufhaltenden Russen. …
In dem Hause Bernstein herrschte ein ganz eigener genius loci mit ganz eigenem Lokalkolorit: er war der wiederauferstandene Salon der Frau Henriette Herz, der 70 oder 80 Jahre zuvor das ganze geistige Berlin beherrscht hatte. ….
Im Mittelpunkt des Pariser Salons im 18. Jahrhundert steht die schöne Frau, die ihre Anbeter um sich versammelt und deren Gunst nicht selten gerade dadurch erkauft wird, daß man ihre Gesellschaften besucht. Frau Bernstein war eher häßlich als hübsch zu nennen: welch' starker Magnet zog nun ihre Freunde, zumal nach des Gatten Tode, so mächtig zu ihr?
Der Magnet bestand in ihrer Herzensgröße und -güte. Sie war empfänglich für alles Gute und Schöne, was sie als gut erkannt hatte, unterstützte sie, soweit ihre Kräfte reichten. Unzähligen armen Künstlern hat sie geholfen und zwar derart, daß sich die Empfänger der Wohltat nicht zu schämen hatten, ganz zu schweigen von den zahllosen armen Landsleuten und Glaubensgenossen, von denen keiner unbeschenkt von ihrer Türe ging. Sie gab weit über ihre Mittel und die Linke sah nicht, was die Rechte tat.«

Die Zusammenkünfte in Felicie Bernsteins Salon trugen entscheidend zur Gründung der Berliner Secession bei. Noch kurz vor ihrem Tod hatte sie Max Liebermann, Walter Leistikow und befreundete Künstler gerufen, um mit ihnen Regelungen über das Erbe, das sie der Secession zukommen lassen wollte, zu besprechen. Mit dem Ende ihres Salons ging auch die Epoche der literarischen Salons des alten »geistreichen Berlins«, die Domäne der Salonnièren, zu Ende. Die Malerin Sabine Lepsius, auch eine der Mitbegründerinnen der Secession, die einen der letzten bedeutenden Salons führte, schreibt, es sei nicht mehr nötig gewesen, »dass eine Idee den Umweg über eine gesellige Frau nehmen musste«.

Berlin gibt sich anders

»Berlin-West mit seinen immer neu aufschießenden Palasthäusern, denen die riesigen Mietspreise wie unsichtbare Etiketten auf die Straßenfronten geschrieben stehen, erscheint mir wie eine Millionärin, die mindestens alle acht Tage einmal in einer neuen, mit den unsichtbaren Riesenziffern der Schneiderrechnung geschmückten Prachtrobe durch die Straßen rauscht.« Das sich jetzt »so anders gebärdende Berlin« beschreibt Ernst Wildenbruch im Gegensatz zum beschaulich gebliebenen Geheimrathsviertel. Doch waren auch hier Villen und Mietshäuser aus der Mitte des 19. Jahrhunderts teilweise abgerissen und die großen Grundstücke parzelliert worden. Der Gründerkrach 1873 hatte nach dem Boom der Gründerjahre nicht wenige Unternehmer ruiniert und zwang sie dazu, ihre Villen und Grundstücke zu verkaufen. Auch Karl Richard Lepsius musste seine »Casa Lepsia« in der Bendlerstraße veräußern, nachdem er sich mit dem Kauf von Eisenbahnaktien verkalkuliert hatte. Auf der Suche nach Schuldigen hatte man sie schnell gefunden. In seinem *Ullsteinroman* schildert Sten Nadolny diese damals anwachsende judenfeindliche Stimmung:

»In Berlin war nach 1871, als die Milliarden der französischen Reparation flossen, ein allgemeines Gründungs- und Aktienfieber ausgebrochen … Immer neue Bau- und Grundstücksgesellschaften entstanden, Banken, Textil- und Modehäuser, sehr oft Firmen, die nur lebensfähig waren, solange ihnen ständig neues Anlegergeld zufloß. Als

Leopold (Ullstein) im Frühjahr 1873 beim Bezahlen einer Droschke von einem geschwätzigen und dreisten Kutscher nach Börsentips gefragt wurde, verdroß ihn das. Er faßte den Entschluß, seine Aktien zu verkaufen. Denn schon im Mai fielen die Kurse ... in Jahrzehnten gewachsene Vermögen waren futsch, Großbaustellen verwaisten, ruinierte Familienväter erschossen sich. Obwohl manche fanden, die ›Gründerkrise‹ habe auch etwas Reinigendes und Heilsames, erschreckte sie durch ihre Vehemenz ... Wer hatte das verschuldet? Die Frage fand viele Antworten. Die blödsinnigste Reaktion begann damals ihre Karriere: Juden seien es gewesen, die mit lügnerischen Versprechungen die ehrlich erworbenen Vermögen anderer an sich gebracht hätten.«

Der Historiker Heinrich von Treitschke, selbst ein Bewohner des Viertels, war ein häufiger Gast im Salon von Fanny Lewald. Mit seiner 1879 veröffentlichten Schrift *Unsere Aussichten* hatte er dem inzwischen als überholt geglaubten mittelalterlichen Relikt der Judenfeindschaft neuen Zündstoff geliefert. »Seine Ausfälle wogen auch deshalb so schwer, weil er Universitätsprofessor und dazu noch Historiker war und mit seiner akademischen oder ›gebildeten‹ Judenfeindlichkeit der studentischen Jugend und dem Bildungsbürgertum das neue Register eines ›intellektuellen Antisemitismus‹ anbot und seine Ausfälle nicht auf der Straße oder von der Kanzel, sondern vom Katheder aus verbreitete. Mit diesem Artikel Treitschkes wurde der ›Universitätsantisemitismus‹ begründet oder doch wesentlich gefördert und dort verankert«, wie Nicolas Berg, der Herausgeber von *Der Berliner Antisemitismusstreit*, schreibt.

Das Pamphlet gipfelt in dem Satz »Die Juden sind unser Unglück«.
In Bezug auf den Nationalsozialismus täuschte sich Golo Mann, als er schrieb: »Zugleich mit der Judenemanzipation, der neuen bürgerlichen Angleichung, erscheint der neue Antisemitismus. Aber er ist zunächst nicht das, was wir uns darunter vorstellen; er verlangt nicht Ausschließung, sondern völlige Angleichung und Bescheidenheit in der Angleichung; er verlangt Ausschließung nur derer, die sich nicht angleichen wollen. Ich will Ihnen für diese Ansicht, diese Haltung nur ein merkwürdiges Beispiel geben, das des deutschen Historikers Heinrich von Treitschke. Dieser große Schriftsteller gilt gemeinhin als Antisemit, und das war er auch; dennoch hätten etwa die Nazis mit seinem Antisemitismus durchaus nichts anfangen können.« Doch diese Schrift lieferte Adolf Hitler nicht nur das Vokabular für seine antisemitische Hetze; der Satz wurde, abgedruckt auf dem Titelblatt der nationalsozialistischen Kampfzeitschrift *Der Stürmer*, zum Schlachtruf. Die Reaktionen aus dem Tiergartenviertel darauf sind rar. Nur Theodor Mommsen trat – im historisch gewordenen »Berliner Antisemitismusstreit« – Treitschke entgegen.
In Briefen an Berthold Auerbach nennt Treitschke Fanny Lewald »die gebildete, ostpreußische Jüdin«, die für ihn eine »dem deutschen Gemüthe unverständliche Empfindungsweise« habe, und empfiehlt ihr, nach »Palästina auszuwandern«. Treitschke hatte sich seitdem Einladungen offenbar mit Ausflüchten entzogen. Fanny Lewald hielt Treitschkes Schrift, und das, was sie auslöste, für den Vorgang, den »wir Reaktion im Vaterlande nennen«, und glaubte, dass er

»kontemplative Naturen nicht aus der Fassung bringt, sie nicht entmuthigt«. Sie reiste zu ihrem 70. Geburtstag nach Rom, »froh darüber, der häßlichen frivolen Judenfeindschaft aus dem Weg gekommen zu sein«.

Wohnhaus von Johanna und Eduard Arnhold, Regentenstraße 19

Die dem Kaiser verhasste Moderne

Die Abende oder Sonntagvormittage, zu denen auch Industrielle, Unternehmer und Kunstsammler wie Eduard Arnhold, James und Eduard Simon, Oscar Huldschinsky und Walther Rathenau einluden, hatten den Salons einen anderen Charakter gegeben; sie verschoben den Akzent von Literatur und Politik auf die Kunst. Ist auch »der Kunstbesitz so ziemlich die einzig anständige und vom guten Geschmack erlaubte Art, Reichtum zu präsentieren«, wie der Kunsthistoriker Max J. Friedländer das Motiv der Sammler begründet, so dient er hier nicht nur der Repräsentation, sondern war Ausdruck der Teilhabe und Teilnahme am Leben einer Gesellschaft, die sie als Juden erst seit kurzem als gleichberechtigte Bürger anerkannt hatte. Politisch nicht unbedingt gleichgesinnt, setzten sie sich für die Moderne ein und von dem konservativen Kunstverständnis Kaiser Wilhelms II. und den Akademien ab. Sie unterstützten als Mäzene Künstler und die Museumsdirektoren beim Ankauf der Bilder der neuen französischen Kunstrichtung, die Wilhelm als »Rinnsteinkunst« verachtete.

Rebellierend gegen dieses reaktionäre Kunstverständnis und den akademischen Kunstbetrieb, gründeten 1898 fünfundsechzig Künstler die Berliner Secession. Max Liebermann wurde ihr Präsident, und er berief die Cousins Bruno und Paul Cassirer zu deren geschäftsführenden Sekretären. »Für uns gibt es keine allein seligmachende Richtung in der Kunst, sondern als Kunstwerk erscheint uns jedes Werk –

welcher Richtung es angehören mag –, in dem sich eine aufrichtige Empfindung verkörpert. Nur die gewerbsmäßige Routine und die oberflächliche Mache derer, die in der Kunst nur die milchende Kuh sehen, bleiben grundsätzlich ausgeschlossen«, wie Max Liebermann in seiner Rede zur Eröffnung der ersten Ausstellung im Mai 1899 betont.

Die guten Beziehungen, die die jüdischen Mäzene und Sammler – trotz des unterschiedlichen Kunstverständnisses – zum Kaiser hatten, trugen ihnen später die wenig freundliche Bezeichnung »Kaiserjuden« ein. Wobei der Kaiser und die Museen Berlins den Juden mehr zu verdanken haben als umgekehrt.

Eine Anekdote des Architekten Konrad Wachsmann über Eduard Arnhold illustriert, wie wenig sich die »Kaisertreue« auf die eigenen Interessen auswirkte: »Der alte Arnhold hatte sich für den Ankauf von vier französischen Impressionisten engagiert, die zu günstigen Bedingungen angeboten worden waren. Allerdings fehlten für den Kauf noch zweihunderttausend Mark, die er aus der Privatschatulle des Kaisers zu bekommen hoffte. Aber Wilhelm II. zeigte sich gleichermaßen empört wie knauserig, als er Arnholds Bittgesuch zu sehen bekam. Wo kommen wir da hin, schrieb er an den Rand des Arnholdschen Briefes, mit gleichem Recht wird Herr von Tschudi künftig Geld zum Kauf eines französischen Rennpferdes verlangen! Europa lachte, nur Arnhold nicht. Der trieb stillschweigend das Geld für die Bilder auf, die dann zur Ehrenrettung der Deutschen doch noch in den Bestand der Nationalgalerie kamen.«

Als einer der besten Kunden von Cassirers Kunst- und Verlagsanstalt erwarb Arnhold mehr Gemälde von Max Lie-

Roter Saal, Salon im Haus Eduard Arnholds

bermann als jede andere Sammlung; es sei »augenblicklich wohl die wertvollste Privatsammlung moderner Kunst, die Deutschland besitzt«, so der Museumsdirektor Hugo von Tschudi. In einem Brief an Arnhold rühmt Max Liebermann: »Während die Nationalgalerie meine Produktion der letzten 25 Jahre ignoriert, zeigt mich Ihre Sammlung von Anfang an bis zum heutigen Tag.«

Gegründet hatten die Cousins Bruno und Paul Cassirer die »Bruno & Paul Cassirer, Kunst- und Verlagsanstalt« 1898. Paul Cassirer spricht von seinem »Salon« in der Victoriastraße 35. In den von Henry van de Velde ausgestatteten Innenräumen fanden Ausstellungen impressionistischer Gemälde der Secession-Künstler Max Liebermann, Max

Slevogt, Uri Lesser, Walter Leistikow und Lovis Corinth statt.

1898 besucht Rainer Maria Rilke den Salon und schreibt darüber in der *Wiener Rundschau*:

»Im Westen Berlins, an der vornehmsten Seite des Tiergartenrandes, giebt es jetzt drei kleine Stuben mit seltsam wandelbaren Wänden. Bruno und Paul Cassirer laden in eine jede je einen Meister zu Gaste, und die drei Fremden, die von einander nichts wissen, erhalten Raum und Recht sich auszubreiten, ganz nach Art und Anlage. Diesen drei einsamen Zimmern hat Van de Velde ein viertes gemeinsames erdacht, das sie zusammenhält. Er hat einen intimen Raum geschaffen, der mit einem Kamin aus flachen dunkelgrünen Kacheln beginnt und nach langem Lauf in eine breite Veranda mündet, vor deren Glastüren junge Wintereichen wie braune Bronzen stehen. Das ganze Zimmer entlang dauern diese wahlverwandten Farben, die des Kamins und die des erloschenen Laubes. Und nichts Lautes ist in dieser Stube; alles will Hintergrund einer guten ruhigen Stunde sein, und nur über dem goldenen Ofengitter lächelt der Glanz. Wenn man an dem langen Lesetisch lehnt, über das Böcklinwerk geneigt oder einen Band Goncourt in den Händen, empfindet man, wunschlos, das Wohltun dieses wohnlichen Ortes und nimmt es an, ohne hinzudenken und fast ohne Dank.«

Der Schriftsteller Robert Walser, der für eine Weile Sekretär bei Paul Cassirer in der neu gegründeten Berliner Secession war, schreibt an Walther Rathenau am 15. Mai 1907:

Lieber, sehr geehrter Herr Doktor.
Herr Cassirer und ich werden uns sehr freuen, wenn Sie uns mitteilen wollen, wann es Ihnen möglich sein wird, uns einmal zu besuchen, um uns etwas abzukaufen. Wir bitten Sie, das zu tun und hoffen, Sie werden nicht böse sein, dass wir Sie an das Versprechen erinnern, einen E.R. Weiss zu kaufen. Mit den Prozenten, die die Sezession davon bekommt, haben wir bereits gerechnet, das heißt, der Gewinn ist bereits verbraucht (vertrunken) worden. Ist das nicht ein fabelhaft schönes Wetter jetzt? Wir waren, eine ganze Gesellschaft zusammen, neulich in Werder, und es gab da eine herrliche, abendliche Motorbootfahrt. Kommen Sie doch, bitte, bald einmal. Dadurch, daß Sie uns besuchen, machen Sie, daß das Geschäft etwas besser geht.
Inzwischen einen herzlichen Gruß
in vorzüglicher Hochachtung
DAS SEKRETARIAT DER SECESSION
RWalser

In seiner Erzählung *Die kleine Berlinerin* lässt er Paul Cassirers Tochter über ihren Vater und ihr Leben erzählen. (»Schrecklich, wenn er dies läse, aber ich werde das Geschriebene zerreißen«):
»Berlin ist die schönste, die bildungsreichste Stadt der Welt. Ich wäre abscheulich, wenn ich hiervon nicht felsenfest überzeugt wäre. Lebt nicht hier der Kaiser? Würde er hier zu wohnen nötig haben, wenn es ihm hier nicht am besten gefiele? …
Der Tiergarten ist herrlich. … Man kann stundenlang, auf

geraden und krummen Wegen, unter dem Grün gehen. … Ich und Papa wohnen im vornehmsten Viertel. Viertel, die still, peinlich sauber und von einer gewissen Älte sind, sind vornehm. Das ganz Neue? Ich möchte nicht in einem ganz neuen Haus wohnen. Am Neuen ist stets irgend etwas nicht ganz in Ordnung. Man sieht fast gar keine armen Leute, z. B. Arbeiter, in unserer Gegend, wo die Häuser ihre Gärten haben. Es wohnen Fabrikbesitzer, Bankiers und reiche Leute, deren Beruf der Reichtum ist, in unserer Nähe. Nun, da muß also Papa zum mindesten sehr wohlhabend sein. Arme und ärmere Leute können hier herum einfach gar nicht wohnen, weil die Räumlichkeiten viel zu teuer sind. … Papa unterstützt die Kunst und die Künstler. Es ist Handel, was er treibt. … Er kauft und verkauft Gemälde. Es hängen sehr schöne Gemälde in unserer Wohnung. Die Sache mit Vaters Geschäften, glaube ich, ist so: die Künstler verstehen in der Regel nichts von Geschäften, oder sie dürfen aus irgendwelchen Gründen nichts davon verstehen. Oder es ist so: die Welt ist groß und kaltherzig. Die Welt denkt nie an die Existenz von Künstlern. Da tritt nun mein Vater auf, der Weltmanieren besitzt und allerhand bedeutungsreiche Beziehungen hat und macht diese im Grund vielleicht ganz kunstunbedürftige Welt auf die Kunst und auf die Künstler, die darben, auf schickliche und kluge Art aufmerksam. Papa verachtet oft seine Käufer. Aber er verachtet oft auch die Künstler. Es kommt da ganz darauf an.

Nein, ich möchte nirgends anderswo fest wohnen als in Berlin. … Unser Berlin platzt bald überhaupt von Neuheit. Vater sagt, alles historisch Denkwürdige werde hier

verschwinden, das alte Berlin kenne kein Mensch mehr. … Berlin ist allen übrigen deutschen Städten eben einmal voran, in allen Dingen. Es ist die sauberste, modernste Stadt der Welt. Wer sagt das? Nun, natürlich Papa. …
Ich habe meine eigene Stube, meine Möbel, meinen Luxus, meine Bücher usw. Gott, ich bin eigentlich sehr reich ausgestattet. … Übrigens sind meine Möbel von einem gewiß nicht unberühmten Künstler entworfen. Papa verkehrt fast nur mit Leuten, die irgendeinen Namen haben. Er verkehrt mit Namen. Steckt in solch einem Namen etwa auch noch ein Mensch, um so besser. …
Wer bei uns ißt und mit uns verkehrt, der hat irgendwelche kleinere oder größere Erfolge in der Welt erzielt. Was ist Welt? Ein Gerücht, ein Gerede? Mein Vater steht jedenfalls mitten drin, in diesem Gerede. Vielleicht dirigiert er es sogar bis zu gewissen Grenzen. Papas Ziel ist auf alle Fälle, Macht auszuüben. Er sucht sich und diejenigen, für die er sich interessiert, zu entfalten, zu behaupten.«

Spöttisch auch »Napoleon der Kunstwelt« genannt, oder von Wilhelm II. als »dieser Cassirer, der die französische Dreckskunst zu uns bringen möchte« beschimpft, würdigt ihn Harry Graf Kessler in seinem Nachruf als »Revolutionär«: »Er schuf die Stoßkraft der modernen Kunst, indem er ihr eine geschäftliche Organisation gab.« Mit einem »Trommelfeuer ununterbrochener Vorführungen wertvoller moderner Werke« machte er mit seinem Salon und seiner Galerie »gerade in Berlin zuerst die großen Impressionisten, auch die französischen, noch früher als in Paris in weiten Kreisen populär«.

Kunstsalon Cassirer, Lesezimmer-Design von Henry van de Velde

Paul Cassirers private Wohnung lag ganz in der Nähe des Kunstsalons in der Margarethenstraße 1. Tilla Durieux schreibt: »Der Teil Berlins war damals eine stille Ecke. Fast wäre man versucht, sie eine Kleinstadt in der Großstadt zu nennen. Die Kunsthandlung lag im Erdgeschoß, der erste und zweite Stock … wurde zu Büro- und Wohnräumen umgewandelt, und im Parterre bebaute man einen kleinen Garten zum Teil mit einem schönen Oberlichtsaal. … Gegenüber wohnte die Familie Rathenau, deren Haus später zu einem prächtigen Palast umgewandelt wurde.«
Bei Rathenau in der Victoriastraße 3 trafen sich »die literarischen und künstlerischen Kreise, die in einer heftigen, schon über Jahrzehnte währenden Fehde mit dem Kaiser gegen den Allerhöchsten Boykott zur Geltung gekommen waren: Harden, dessen Zukunft auf der Höhe ihres Erfolges stand, Max Reinhardt, der gerade anfing und schon offiziell verpönt war, Wedekind, der von Mißerfolg zu Mißerfolg emporstieg, Hofmannsthal, Gerhart Hauptmann – die Kreise des Pan und der Insel, der beiden Zeitschriften, die die dem Kaiser verhaßte ›Moderne‹ in Deutschland eingeleitet hatten«. Gerhart Hauptmann wurde 1905 zum Ehrenmitglied der Berliner Secession ernannt, wollte wieder einmal das intensive Leben der Großstadt um sich spüren und zog in die Kaiserin-Augusta-Straße. Der Architekt Henry van de Velde, der Maler Edvard Munch, der Schauspieler Alexander Moissi und die Schauspielerinnen Eysoldt und Durieux, »alle diese gehörten zu denen, die oft und gern in Rathenaus kleiner, noch bescheidener Fünfzimmerwohnung in der Victoriastraße oder im Automobilklub mit ihm zusammensaßen, um seinen Ausführungen zuzuhören, die,

auch wenn es sich um Elektrizitätszentralen oder Bankbilanzen handelte, immer wie Märchen aus Tausendundeiner Nacht klangen und ein Brillantfeuerwerk auslieferten«.

Was Harry Graf Kessler bescheiden nennt, bespöttelt der Kritiker Alfred Kerr:

»Die kapitalistische Schicht, zu der Walther Rathenau gehört, wohnte nur zum Teil im Grunewald; die andere Hälfte war im Tiergarten ansässig. Auch Walther hauste zuerst noch dort in der Victoriastraße – bevor er – nach eigenen Plänen, sein grünschimmerndes ›schlicht's‹ Jagdhaus im Grunewald bauen ließ. Die Freunde, die sein (falsches) Jagdhaus belächelten, hätten auch über die Wohnung im Tiergartenviertel geschmunzelt.

Rathenau betonte so oft seine Bedürfnislosigkeit (ein Diogenes der Großindustrie) – doch in seinem Hirn steckte die nicht ausrottbare Leidenschaft für Schlösschen.

Nicht für achtzehntes Jahrhundert, bloß für das achtzehnte der Hohenzollern. So ließ er schleunigst in seiner Tiergartenwohnung die Fensterbrettel des übernommenen Hauses absägen und nach unten die Öffnung verlängern – daß alles ein bißchen wie Potsdam-Sanssouci wirkte.

Mit stillem, halbvertuschtem Stolz zog er meinen Blick auf diese Veränderung.

Ich sagte:

›Mir leuchtet das nicht ein. Sie sind fast in jeder Hinsicht ein moderner, selbständiger Mensch, Sie tönen in dieser Wohnung als ein Neuerer, sogar den Fußboden mutig mit grauer Ölfarbe (er war in Berlin der Erste) – und auf der andren Seite: Sanssouci; Vergangenheit; Rokoko? Was lieben Sie besonders daran?‹

›Das Hohenzollerische.‹
›Und was lieben Sie besonders an den Hohenzollern?‹
›Ihre märkische Sparsamkeit, ihre Kargheit, ihre Einfachheit.‹
›Aber Sie machen doch nicht die Einfachheit nach, sondern die Schlösser.‹
Er lachte. Ich sprach:
›Wissen Sie wie mir das vorkommt?‹
›-?‹
›Ein Landmann sieht in seinem älteren Gutsnachbarn ein Vorbild. Dieser nährte sich seltsamerweise nur von Kartoffeln, trinkt aber dazu edelste Weinsorten. Der Landmann will ihm genau nachfolgen und … trinkt zunächst die edlen Weinsorten.‹«

Victoriastraße, Ecke Margaretenstraße

So viel Luxus

Modern, aber kaum weniger luxuriös kann man sich nach Tilla Durieux' Beschreibung die Wohnung in der Margarethenstraße 1 vorstellen. Nach der Heirat mit Paul Cassirer bezog das Paar ein großes Domizil über der Kunst- und Verlagsanstalt. »Im gleichen Hause wurde im ersten Stock eine herrliche Wohnung frei, die sowohl nach der Straße als auch nach dem reizenden alten Matthäikirchplatz mit seiner kleinen Kirche hinausging. Besonderen Reiz bekam sie durch ein großes Eckzimmer mit Fenstern, die im Halbrund liefen ... Das Eckzimmer mit der runden Fensterwand hatte Karl Walser mit einer tiefblauen Tapete versehen, auf die er oben Girlanden malte, die Musikinstrumente hielten, denn es sollte als Musikzimmer benutzt werden. Alte, hohe Mahagonistühle aus Holland, ein großer runder Tisch, auf dem Barlachs Plastik ›Die singenden Frauen‹ stand, bildeten mit dem Steinway-Flügel die Einrichtung. Das Speisezimmer mit lichtgrünen Wänden wurde mit den herrlichen Bildern der Impressionisten geschmückt: ›Der Reiter und die Reiterin‹ von Manet, ›Die rote Frau und der Mann mit dem schiefen Hut‹ von Cézanne, das große Bild ›Mole mit Leuchtturm‹ von Manet, ›Zwei Kinder am Klavier‹ von Renoir hoben sich prächtig von dem hellen Grün ab. Mein Zimmer mit der großen Bibliothek, die bis zur halben Höhe die Wände bekleidete, enthielt unter anderem alle Kunstbücher, die P. C. als Nachschlagewerke brauchte, und war über den Bücherregalen mit einer feurigblauen Tapete beklebt.

Dann schloß sich noch ein Raum an, in dem man bügeln und schneidern konnte. Auf der anderen Seite bildete ein sehr großes Schlaf- und Ankleidezimmer nebst Bad ein abgeschlossenes Appartement. Die Räume waren alle groß und hell, und auch die Küche und das Mädchenzimmer zeigten die Raumverschwendung der Tiergartengegend. Ich war jedenfalls vollständig befangen von soviel Luxus, ging manchmal ganz allein hinunter in die Wohnung, die erst später bezogen werden sollte, um mich an all das zu gewöhnen. Von der ›Arlésienne‹ und der ›Bahnunterführung‹ von van Gogh, dem ›Chateau Noir‹ von Cézanne, die in meinem Zimmer hingen, stellte ich mich auf und sagte mir hundertmal vor, daß dies nun mein Eigentum sei, aber ich konnte es noch nicht glauben.«

In der Victoriastraße 5 befand sich die Redaktion der neu von Paul Cassirer herausgegebenen Zeitschrift *Pan*, in der u. a. Frank Wedekind, Ernst Toller, Else Lasker-Schüler, Max Brod und der junge Gottfried Benn publizierten. In der Potsdamer Straße, wo für die Zeitschrift eine Handdruckpresse eingerichtet worden war, traf man sich nach Redaktionsschluss in der Weinstube Frederich.

»Berlin wuchs inzwischen in seine Vororte hinein. Varietés, neue Theater und Bars entstanden über Nacht, und in den Vergnügungslokalen dauerte der Betrieb bis zum Morgen«, schreibt Tilla Durieux, »für alle künstlerischen Unternehmungen gab es immer genügend Interessenten. Große private Bildersammlungen entstanden, deren Besitzer nicht nur Bilder kauften, sondern sich auch ernsthaft mit ihnen beschäftigten. So James Simon, der in seiner Tiergartenvilla im Erdgeschoß ein wahres Museum zusammenstellte und

Villa James Simon, Tiergartenstraße 15a

die Ausgrabungen in Tel el Amarna finanzierte. Dort wurden unter Leitung des bekannten Altertumsforschers Professor Borchardt der berühmte Kopf der Teje und die Statue der Nofretete zutage gefördert.« James Simon übergab die Büste als Dauerleihgabe an die ägyptische Abteilung der Königlich-Preußischen Kunstsammlungen.

Matthäikirchstraße 4

Cassirers gegenüber, »in behaglicher Wohlhabenheit« in der Matthäikirchstraße 4, wohnten Julius und Julie Elias und luden die Freunde zu gastrosophischen Abendgesellschaften ein. »Ihr Kochbuch, das sie herausgab, ist voller ausgezeichneter Rezepte«, und »ihre Küche ist in Berlin bekannt«, so Tilla Durieux. Auch hier trafen sich die Freunde Max Liebermann, Max Slevogt und Lovis Corinth sowie Edvard Munch, der in der Nähe sein Atelier hatte, die Schriftsteller Max Osborn, Gerhart Hauptmann, Henrik Ibsen, die Modejournalistin Elsa Herzog, Paul Cassirer und Tilla Durieux.

Julius Elias war Kunstjournalist, Übersetzer, einer der ersten Sammler impressionistischer Malerei und schrieb für die von Cassirer herausgegebene Kunstzeitschrift *Kunst und Künstler*. Julie Elias verfasste Kunstkritiken und Modekolumnen für das *Berliner Tageblatt*. Nicht nur in modischen Stilfragen richten sich ihre Beiträge vor allem an junge Frauen, sondern auch in Fragen des Lebensstils. 1917 appelliert sie im *Berliner Tageblatt* an junge Frauen, ihre »nicht entschuldbare Zurückhaltung« aufzugeben; sie sollten ihre »gesunden, kräftigen Glieder … unmittelbar dem Vaterlande zur Verfügung stellen … Wo sind die unzähligen Sportladies geblieben, die ihren Körper beim Tennis, beim Reiten und anderem Zeitvertreib zu Höchstleitungen ansputen?« 1921 erscheint ihr Buch *Die junge Frau. Ein Buch der Lebensführung* und 1925 veröffentlicht sie im Ullstein Verlag *Das Neue Kochbuch. Ein Führer durch die feine Küche*. Auch für die emanzipierte Frau sieht sie das Kochen als eine ihrer Hauptaufgaben und erhebt es zur Kunst und Wissenschaft. Julius Elias starb 1927, Julie Elias konnte mit ihrem Sohn Carl Ludwig 1938 vor den Nationalsozialisten nach Norwegen fliehen, wo sie 1943 starb.

»Die Uhr der Kunst«

»Aus unserer großen Stadt schallt der Schrei der Menschheit, das Getöse der Technik; die Furcht vor dem Tode trägt ein warnendes Gesicht hinter geschminkten leeren Masken, die Sehnsucht aber steigt sofort in den Mond. Unsere Stadt Berlin ist stark und furchtbar, und ihre Flügel wissen, wohin sie wollen … hier ist die Uhr der Kunst, die nicht nach noch vor geht.«

Die Dichterin Else Lasker-Schüler zählte neben Heinrich Mann, Ernst Toller und Frank Wedekind zu Bruno Cassirers Autoren. Sie war damals verheiratet mit dem Schriftsteller, Verleger und Galeristen Georg Lewin, den sie, die es liebte, Namen zu erfinden, umtaufte in Herwarth Walden, ein Pseudonym, das zu seinem offiziellen Namen wurde. Gemeinsam mit Alfred Döblin begründet er 1910 die Zeitschrift *Der Sturm*, die zum Sprachrohr der deutschen Avantgarde und zum »führenden Organ der Expressionisten« wurde. Für Walden ist »der Expressionismus keine Mode. Er ist eine Weltanschauung. Und zwar eine Anschauung der Sinne, nicht der Begriffe.« Im ersten Heft beschreibt Rudolf Kurtz die Stoßrichtung: »Wir wollen sie (die Bürger) nicht unterhalten. Wir wollen ihnen ihr bequemes, einst-erhabenes Weltbild tückisch demolieren.«

Die erste Ausstellung der Bilder des expressionistischen Malers Oskar Kokoschka hatte Herwarth Walden bei Cassirer organisiert, bevor er schließlich in die Potsdamer Straße 134a zog und eine eigene Galerie eröffnete. »Alt-

Westen, Potsdamer Straße ..., wurde ... das Zentrum der STURM-Bewegung. Zunächst galt es nun aber die Entscheidung zu treffen, ob die Zeitschrift DER STURM Kunstausstellungen veranstalten sollte oder nicht«, schreibt Waldens Frau Nell, die er nach der Trennung von Else Lasker-Schüler geheiratet hatte. »Herwarth Walden suchte geeignete Ausstellungsräume. Er fand in der Tiergartenstraße 34 A eine vornehme alte Villa (die sog. Gilka-Villa, Gilka war eine berühmte Likörmarke), die von der Familie verkauft und zum Abbruch bestimmt war. An dieser Stelle sollte ein großer Neubau aufgeführt werden. Bis das geschah, konnte die Villa kurzfristig gemietet werden. Es wurden schöne Ausstellungsräume in sehr guter Lage. Hier fanden nun die ersten Ausstellungen des STURM statt: Ausstellung I im März 1912: Der Blaue Reiter, Oskar Kokoschka. Ausstellung II folgte im April 1912: Die Futuristen, mit dem Manifest des Futurismus von Marinetti, dem Dichter und Wortführer der italienischen Futuristengruppe.«

Besonders die Ausstellung der Futuristen sei ein großer Erfolg gewesen: »Sie hatte manchmal pro Tag tausend Besucher. Die Presse konnte schimpfen so viel sie mochte, – was sie auch getan hat –, jeder wollte die Ausstellung sehen. Es war Mode, dort gewesen zu sein. An sich sollte mit diesen beiden Ausstellungen die Ausstellungstätigkeit des STURM zu Ende sein. Doch sah Herwarth Walden ein, wie wichtig es wäre, wenn der STURM ständig wechselnde Ausstellungen veranstalten könnte. ... Da die Glinka-Villa jetzt abgerissen werden sollte, mußten neue Ausstellungslokale gesucht werden. Wir fanden sie in der Königin-Augusta-

Straße 51.« Dort blieben sie nur ein Jahr, weil bereits 1913 Redaktion, Verlag und die Privatwohnung Waldens in die Potsdamer Straße 134 a eingezogen sind. »Allmählich vergrößerte sich die Bewegung derart, daß wir in dem Hause Potsdamer Straße 134 A nicht weniger als sieben Wohnungen inne hatten.«

Der anarchistische Schriftsteller Alfred Weidner sieht in den bilderstürmenden Futuristen den Beweis, dass die »krasse Moderne« von gestern sei. Und Paul Cassirer schreibt im Vorwort des Katalogs zur ersten Ausstellung 1912-1913 seiner Galerie: »Meinen Salon nennt Freund und Feind den impressionistischen. 1898 bedeutete dieses Schimpfwort Revolution. 1912 ist es wieder Schimpfwort und bedeutet Reaktion.«

In dem Ersten Deutschen Herbstsalon 1913 wurde nach dem Vorbild des französischen Salon d'Automne die ganze internationale Avantgarde gezeigt, es sei ein Fanal für die Kunst des 20. Jahrhunderts gewesen. »Keiner, der in diesem Berliner Herbstsalon ausstellt, darf bei Cassirer ausstellen«, schreibt Wassily Kandinsky an Walden. – Doch diese Auseinandersetzungen unter den Galeristen wurden durch den Ausbruch des Ersten Weltkriegs hinfällig.

Titelseite des Flugblattes, das Herwarth Walden als Reaktion auf die öffentliche Kritik am Ersten Deutschen Herbstsalon herausgegeben hat. Der Sturm, *1913*

»Am 4. August 1914 war der Krieg da.«

»Wird das Schreckliche noch abgewandt oder kommt die Katastrophe«, fragt Nell Walden. »Sie kam, und mit ihr das Weltelend in jeder Beziehung, sowohl menschlich, wie kulturell. Am 4. August 1914 war der Krieg da.«

Der Bau des Reichsmarineamts ist wie ein vorausgeworfener Schatten auf den Ausbruch des Ersten Weltkriegs. Kaiser Wilhelm II. sah die »Zukunft Deutschlands am Meer« liegen, nicht nur zur Verteidigung im Kriegsfall, sondern auch als Voraussetzung für die Eroberung überseeischer Gebiete. Er baute die Flotte zur zweitgrößten Seemacht neben Großbritannien aus. Für die Errichtung des umfangreichen Gebäudekomplexes wurde das Haus in der Königin-Augusta-Straße 41, in der Marie von Bunsen wohnte, abgerissen – sie fand in der nahe gelegenen Corneliusstraße eine neue Wohnung. In den künftig »Bendlerblock« genannten Komplex zogen 1914 neben dem Reichsmarineamt auch die anderen Dienststellen samt Wohnungen der Marine ein. Heute befindet sich hier, jetzt in der Stauffenbergstraße, die Gedenkstätte Deutscher Widerstand.
Als Marie von Bunsen 1914 von einer Reise aus Islamabad nach Berlin zurückkommt, läuft sie am 31. Juli sofort zum Roten Kreuz, zum Vaterländischen Frauenverein, bei dem »rastloses Treiben« herrscht. »Natürlich wollte ich ›pflegen‹ … An jeder Haustür standen lebhaft sprechende Menschen.« In der Potsdamer Straße begegneten ihr zwei He-

rausgeber der *Deutschen Rundschau.* »Sie verabschiedeten sich von mir, wollten, ohne den Befehl abzuwarten, sich in Kiel und Wilhelmshaven stellen … Jeder wollte sich persönlich betätigen.« Auf den Berliner Straßen wurde gesungen. »Auch in meiner Tiergartengegend zogen ernste und rührende Lieder singende Menschen immer vorbei.«

Paul Cassirer meldete sich, obwohl er nicht mehr wehrpflichtig war, freiwillig zum Militär. Die Stadt war »in tosender Aufregung. Jedes Gesicht glänzte freudig: Wir haben Krieg!«, erinnert sich Tilla Durieux. 1914 erhielt Cassirer das »Eiserne Kreuz«, 1916 wurde er nach mehrfacher Wiedereinberufung aus gesundheitlichen Gründen entlassen. Die anfängliche Kriegsbegeisterung hatte sich gründlich abgekühlt. Der Krieg, aus dem man sich zuerst einen Aufbruch zu einer internationaleren Zusammenarbeit unter Künstlern und Kunsthändlern versprach, hatte diese Aussichten zerstört. Tilla Durieux schreibt, dass in der Victoriastraße jedoch wieder Vortragsabende stattfanden. Die Presse hätte sie als »Pazifismus unter Intellektuellen« geschmäht, immerhin wäre »wie immer« ein geladenes Publikum anwesend gewesen, »ungefähr dreihundert Personen, in unserem Oberlichtsaal, an dessen Wänden die herrlichsten Bilder großer Meister hingen«.

Bei Herwarth Walden im STURM war »mit einem Schlag … die Ausstellung leer … Wirtschaftlich brach jetzt … eine schwere Zeit an. Natürlich wurden wir nun von der Presse und der Kunstkritik nicht nur verrissen ›wegen der Richtung‹, sondern auch, weil wir weiter Ausstellungen veranstalteten, die ›feindlichen Ausländern‹ gewidmet waren. … Im STURM war Stille, wie übrigens in sämtlichen

Berliner Kunstausstellungen und Kunstgalerien«, berichtet Nell Walden. Dem zum Trotz gründete Walden 1914 den STURM-Verlag, die Kunstschule DER STURM 1916 und 1917 eine STURM-Buchhandlung und ein Jahr darauf die STURM-Bühne. 1916 wurde im Salon des STURM eine Trauerfeier für die gefallenen Maler Franz Marc und August Macke und den expressionistischen Dichter August Stramm abgehalten.

Aus Furcht vor Unruhen schreibt James Simon im August 1918 an Wilhelm von Bode:
»Hochverehrte Exzellenz! Man will mir meinen Privatwächter nehmen. Ich mache eine Eingabe an den Herrn Vorsitzenden des Einberufungs-Ausschusses zum vaterländischen Hilfsdienst für den Bereich des Bezirkskommandos Berlin I-IV dass der Wächter unentbehrlich ist, da ich einen nicht Hilfsdienstpflichtigen nicht finden kann, andererseits hier ein staatliches Interesse aus dem Grunde obwaltet, dass ich meine Sammlung, welche die ganzen Parterre-Räume einnimmt, testamentarisch den Königlichen Museen vermacht habe und dass, wenn ein Teil dieser Originale gestohlen würde, damit ein unersetzlicher Schaden die königlichen Museen treffen würde.« Seiner Eingabe wurde nicht stattgegeben, so musste auch hier die Sammlung für die Öffentlichkeit geschlossen bleiben.
Aus der Potsdamer Straße kam von Hedwig Dohm eine eindeutige Absage an die patriotische Kriegsbegeisterung: »... ich kann die Kriegsjahrmode der prunkend-patriotischen Pathetik nicht mitmachen. Im Krieg sind die Gesetze der Menschheit aufgehoben, in den Urzustand ist sie

zurückversetzt. In einem ungeheuren Irrtum waren wir befangen. Wir glaubten an die innere Kultur der europäischen Völker. Wir müssen umlernen. Es war nur Firnis, Tünche. Noch war die Tierheit, das Raubtier in ihnen. Nun ist es wieder ausgebrochen, und mit derselben zerreißenden Wildheit wie vor Jahrtausenden wütet es. Ich vergehe an diesem Erkennen. Wie soll ich den schaurigen Wahnsinn des Gedankens fassen, daß Millionen schuldloser Geschöpfe sich gegenseitig abwürgen, die einander nie etwas zuleide getan! – ›Wer über gewisse Dinge den Verstand nicht verliert, der hat keinen zu verlieren.‹« Hedwig Dohm unterhielt seit den sechziger Jahren des 19. Jahrhunderts in der Potsdamer Straße mit ihrem Mann Ernst Dohm, dem Chefredakteur des 1848 gegründeten Satiremagazins *Kladderadatsch*, einen Montags-Salon. Bereits 1873 hatte sie das Wahlrecht für Frauen gefordert: »Die Menschenrechte haben kein Geschlecht«. Als Gründungsmitglied des Frauenvereins »Reform« forderte sie den Zugang von Frauen zur Universität; außerdem setzte sie sich für das Recht auf Abtreibung ein. Die Durchsetzung des Frauenwahlrechts im November 1918 konnte sie noch miterleben. Nach dem Tod ihres Mannes zog sie in die Matthäikirchstraße 13, heute Herbert-von-Karajan-Straße.

Der 9. November 1918 war das Ende der Monarchie. Das Waffenstillstandsabkommen wurde erst am 11. November unterzeichnet, doch schon am 9. November wurde durch Philipp Scheidemann die Republik ausgerufen, »um Unheil zu verhüten«, wenige Stunden vor der Ausrufung der »freien sozialistischen Republik Deutschland« durch den Spartakistenführer Karl Liebknecht. Die darauffolgende

Novemberrevolution führte während der Weimarer Republik zu anhaltenden Unruhen, die schließlich in der Machtergreifung der Nationalsozialisten endeten. Diese politisch aufgewühlten Jahre stehen in bemerkenswertem Kontrast zum Mythos der »Goldenen Zwanziger Jahre«, an deren glitzerndem Erscheinungsbild die Modeschöpferinnen im Tiergartenviertel mitwirkten.

Die eher kaisertreue Marie von Bunsen schreibt am 8. November 1918 in ihr Tagebuch: »Das Wahlrecht wurde uns Frauen gegeben. Tausendmal wichtiger ist mir Deutschlands Not«, und alarmiert:

»9. November. Offene Revolution! In unserer Gegend war alles unverändert ruhig, ich glaubte den Gerüchten nicht und ging zum Nachmittagsempfang der Derenthals durch den Tiergarten. Obwohl es erst eben anfing zu dämmern, fiel mir auf, daß keine Frau zu sehen war. Schon ehe ich zum Brandenburger Tor kam, hörte ich Lärmen, Pfeifen, Hurrageschrei und sah vorbeiziehende Menschenmassen.«

»Sonntag, den 10. November. Leider sonniges Herbstwetter, Regen wäre günstiger gewesen. Frühstück bei von der Heydts, in ihrer Villa. Graf Albrecht Bernstorff kam aus dem Auswärtigen Amt. Er brachte die unglaubliche Nachricht – der Kaiser hat ja gar nicht abgedankt! Ich und sämtliche Kollegen im Amt halten es für unsere Pflicht, uns der sozialistischen Regierung zur Verfügung zu stellen, auch, wenn es sein muß, unter der roten Fahne!«

Wenige Wochen später notiert sie:

»6. Januar 1919. Soeben Telephonbenachrichtigung: ... Ein gewaltiger Zug von Mehrheitssozialisten zieht über die

Potsdamer Brücke. … Liebknecht und Rosa Luxemburg warteten mit fertigen Proklamationen und hoffen von einer Minute zur andern ins Reichskanzlerpalais einzuziehen. Dann hatten wir den Terror.«

»8. Januar 1919. An den verschiedensten Stellen wird geschossen, ab und zu auch getötet. … Die Potsdamerstraße wirkte jedoch normal, die Straßenbahnen fuhren.«

»Am 16. Januar mittags wurde hier im Westen der Tod von Liebknecht und Rosa Luxemburg behauptet, aber nicht geglaubt. … Als ich die Treppe hinunterging, sagte mir erregt ein unbekanntes kleines Mädchen: ›Die böse Rosa Luxemburg ist lebensgefährlich getötet.‹ Da erschien die ›BZ‹, man sprach sich auf der Straße darauf an und zeigte sich die fettgedruckte Aufschrift. Ich habe nur Genugtuung empfunden. Unsere gefährlichsten Feinde waren nicht mehr! Sie hatten Blut und Gewalt gepredigt, Gewalt und Blut war ihnen geworden. Das war die allgemeine Stimmung.«

Marie von Bunsens Stimme repräsentiert sicher nicht die allgemeine Stimmung und politische Haltung der Bewohner des Tiergartenviertels, sondern die der adligen und regierungsnahen Kreise, in denen sie verkehrte. Sie soll hier nicht stellvertretend sein, doch ihre Tagebucheintragungen können einen Eindruck davon vermitteln, welche Auswirkungen der Krieg und die folgenden Unruhen bei der Gründung der Weimarer Republik auf das Alltagsleben im Viertel hatten.

Am 19. Januar fanden die Wahlen zur ersten verfassungsgebenden Nationalversammlung statt. Harry Graf Kessler notiert in seinem Tagebuch: »Wahltag. Vormittags gewählt in der Kneipe in der Linkstraße. Polonäse von Wählern

und Wählerinnen. … Die Zettelverteiler der verschiedenen Parteien stehen um die Polonäse herum und schieben wortlos die Zettel den Leuten in die Hand. … Das Ganze untheatralisch wie ein Naturereignis, wie ein Landregen.« Marie von Bunsen sieht diesen Tag der ersten freien Wahlen, bei denen Frauen überhaupt zum ersten Mal wählen durften, ebenso gelassen. Sie seien »erstens ruhig verlaufen, zweitens haben sie eine bürgerliche Mehrheit gebracht. Das hielten die Unken für ausgeschlossen.« Am Potsdamer Platz sieht der Graf schon »einige Hakenkreuzjünglinge mit kräftigen Knüppeln, kräftig und dumm wie Kälber«, aber das »Publikum auf der Straße verhielt sich gleichgültig. Die Lastkraftwagen mit Trupps von Schwarz-Rot-Goldenen fahren grölend, ohne irgendwie beachtet zu werden, zwischen Sonntagsspaziergängern und Regenschirmen hindurch. Niemand könnte aus dem Straßenbild entnehmen, daß eine lebenswichtige Entscheidung für Deutschland und Europa im Gange ist.«
Die Auseinandersetzungen zwischen konservativen und revolutionären Kräften führten zu Häuser- und Straßenkämpfen. Die Gewerkschaften hatten zum Generalstreik aufgerufen gegen den Kapp-Putsch, mit dem Teile der Reichswehr die neue Regierung stürzen wollten. Auslöser war die Auflösung der Marinebrigade. Aus seinem Dienstzimmer im Reichsmarineamt lehnt General Hans von Seeckt, Chef des Truppenamtes, gegenüber seinem Minister Noske mit den Worten »Truppe schießt nicht auf Truppe« es ab, die neue Republik zu verteidigen.
Marie von Bunsen notiert:
»14. März 1920. Ich sitze wieder an der übelriechenden, ex-

plodierbereiten Karbidlampe, sie ist ein Aufstandssymbol. Draußen Dunkelheit, kein Gas, kein elektrisches Licht, keine Straßenbahn. Wieder Revolution.«
»16. März 1920. Noch immer offene Revolution. Keine Zeitung. Gewisses weiß niemand, ... wie wird die Nacht verlaufen?«
»17. März 1920. Die Nacht war ziemlich ruhig. Hier und dort wurde jedoch geschossen. Kapp ist fort.«
»19. März 1920. Es wird nicht besser, im Gegenteil! Augenblicklich höre ich anhaltendes Schießen, eine wahre Kanonade, vermutlich von der Corneliusbrücke her. Gestern zeigte sich eine bedenkliche Zuspitzung. ... Die Bendlerbrücke war scharf bewacht, es wurde geschossen. Über die Potsdamer Brücke bewegten sich Truppen mit Kanonen. Ich ging die Viktoriastraße hinunter, in der Tiergartenstraße ratterten Autos mit Mannschaften vorbei, sie schossen hin und wieder. Viele Menschen kamen von dort angelaufen und suchten Deckung. Sie hockten hinter den Gittermauern der Vorgärten. Als ich jedoch den Tiergarten erreichte, war die Luft klar ...«
»21. März 1920. Weder Gas, noch Briketts, noch Telephon, noch Post, noch Zeitung, noch Straßenbahn, noch Kartoffeln, und kaum noch Brot. Es ist schon ein ziemlich elender Zustand. ... Diese symptomatische, aber doch groteske Kapp-Episode war das letzte Aufflackern der Revolution.«

In der Potsdamer Straße, die in der Topographie des Viertels Gesinnung und Welten trennt, schreibt Nell Walden: »Mit Kerzen konnte man die Abende einigermaßen erhellen, aber warmes Essen in diesen Absperrzeiten zuzuberei-

ten, war unmöglich. Und zu jeder Tageszeit – man wußte nie, wann – hagelten die Maschinengewehrsalven vom Potsdamer Platz her zur Abschreckung wahllos durch die Potsdamer Straße. Die Schwester Alfred Döblins wurde von einer verirrten Kugel im Osten Berlins getötet.
Ich mußte trotzdem jeden Tag einkaufen gehen. Die Läden lagen um die Ecke in der Link- und Eichhornstraße. Wie oft habe ich mich flach gegen eine Hauswand drücken müssen, wenn die Kugeln vom Potsdamer Platz herunter pfiffen! Aber merkwürdig, man gewöhnt sich an alles, und zuletzt wurde es selbstverständlich wie das Atmen und das Leben. …
Noch gefährlicher wurde es in den folgenden Jahren. Walden ließ sich bald als Mitglied der Kommunistischen Partei Deutschlands eintragen. … Er fing an, nächtliche Sitzungen unten in seinem Büro abzuhalten. Das war in der Zeit sehr gefährlich, und unser Portier war Walden nicht wohlgesinnt. Er schnüffelte immer herum. Bei verdunkelten Fenstern waren Walden und seine Genossen stundenlang die Welt verbessernd in seinem Büro versammelt.« Herwarth Walden emigrierte 1932 nach Moskau, wurde 1941 wegen Spionageverdachts verhaftet und verstarb in einem Straflager.

»Der alte Westen hat verloren«

Für James Simon begann nach dem Ersten Weltkrieg der Niedergang seines Textilunternehmens; er veräußerte seine Privatsammlung und musste 1927 sein Haus in der Tiergartenstraße verkaufen. Seine Sammlung der ägyptischen Amarna-Funde hatte er bereits 1920 dem Kaiser-Friedrich-Museum geschenkt. An Bode schreibt er, dass es »augenblicklich so aussieht, als sei der wirtschaftliche Zusammenbruch nicht aufzuhalten … Resignation ist der Wahrheit Schluss.« Wilhelm Bode hatte seinen Rücktritt als Museumsdirektor eingereicht. Ihm, Simon, sei die gemeinsame Arbeit mit ihm immer ein wohltuendes Gegengewicht gegen seine materielle Tätigkeit gewesen und Bodes Ära werde, so Simon, »immer ein Glanzpunkt in der deutschen Geschichte des letzten Viertels des 19. Jahrhunderts bleiben und spätere Geschlechter werden darauf mit Stolz zurückblicken«. Eduard Arnhold hatte 1916 das letzte Bild für seine moderne Sammlung gekauft, ein Gemälde von van Gogh. Wie Walther Rathenau war er als wirtschaftspolitischer Berater an den Verhandlungen zum Versailler Vertrag beteiligt. 1922 wurde der neue Außenminister Rathenau auf dem Weg ins Auswärtige Amt erschossen. Die Attentäter gehörten der rechtsextremen »Organisation Consul« an, seine Beteiligung an den Reparationsverhandlungen machte ihn zur Zielscheibe antidemokratischer und antisemitischer Hetze. Die Gedenkrede von Reichskanzler Wirth endete mit dem Satz: »Da steht der Feind, der sein Gift in die Wunden eines

Volkes träufelt. – Da steht der Feind – und darüber ist kein Zweifel: dieser Feind steht rechts!« Das Gift tröpfelte weiter. Wurde bisher über Paul Cassirer gespottet »Von Manet und Monet zu Money«, klingt die Antwort Wilhelm Bodes, der die Einrichtung seines Museums vor allem seinen jüdischen Sammlern und Mäzenen verdankt, auf die Absage eines antisemitischen Sammlers so drastisch, dass man es auch für Hohn halten könnte: verdenken könne er es ihm nicht, wenn er sich »seine kostbaren Teppiche nicht von jüdischen Plattfüßen abtreten lassen« will. Es dauerte nicht mehr lange, bis der stete Tropfen zur Katastrophe führen sollte.

Paul Cassirer verlegte in der, wie Tilla Durieux schreibt, »politisch unklaren Lage« seine Kunsthandlung nach Amsterdam und versuchte eine Filiale in New York zu gründen. Doch der Kunsthandel hatte sich sehr verändert. Lovis Corinth, der 1923 in der Berliner Secession ausstellt, klagt, »man hört nur noch Dollar, Devisen, Papiere. Ekelhaft.« Paul Cassirer konnte sich nicht damit abfinden, dass man Cézanne und van Gogh wie Börsenpapiere betrachtete. »Geld zu verdienen allein machte ihm keinen Spaß.« Als Tilla Durieux sich 1926 von ihm scheiden lassen wollte, nahm er sich das Leben. Die Galerie wurde von seinen Mitarbeitern Walter Feilchenfeldt und Grete Ring weitergeführt. Georg Kolbe, dessen Atelier sich in der Villa von der Heydt befand, nahm ihm die Totenmaske ab und entwarf ein Jahr später sein Grabmal. Auf der Trauerfeier versammelte sich »das ganze künstlerische Berlin. Der Sarg in der Mitte des großen Ausstellungssaals aufgebahrt, unter einem Teppich von roten Rosen. Max Liebermann sprach zuerst, ich danach«, notiert Harry Graf Kessler in seinem Tagebuch.

Die durch Krieg und Inflation politisch und ökonomisch prekäre Lage veränderte das Gesicht und das Klima des Viertels. Villen wurden in Wohnhäuser umgewandelt oder Anwesen abgestoßen – wie die Villa des Bankiers und Kunstsammlers von der Heydt, der sie bereits 1919 an den Allgemeinen Deutschen Sportbund verkaufte. »Klubhaus« nennt es Franz Hessel, denn hinter dieser seriösen Bezeichnung verbarg sich ein exklusiver illegaler Spielklub. Oder Kunstsammlungen mussten veräußert werden, wie die des Unternehmers, Kunstsammlers und Mäzens Oscar Huldschinsky, eines Nachbarn von Eduard Arnhold, die 1928 im Salon Cassirer zur Auktion stand. Die repräsentativen Villen wurden für die neu in die Hauptstadt einziehenden Botschaften attraktiv und zur bevorzugten Adresse.

Franz Hessel setzt dieser rasanten Entwicklung seine langsamere Gangart als Flaneur entgegen. Auf seinem Spaziergang geht er den Landwehrkanal entlang: »Von dem Nordufer des Kanals, der Königin Augustastraße, führen nun alle Seitenstraßen in den Tiergarten. Was hier an Häusern in Gärten steht, hat mit Säulchen und Friesen, glatter und spalierbespannter Wand die gute alte Zeit bewahrt. Zwischendurch gibt es ein paar Wagnisse und sanfte Entgleisungen ins Gotische oder Nordisch-Üppige, aber das wirkt nur putzig wie Pagode und künstliche Ruine in einem guten Garten. Je schmaler die Straßen sind oder werden, um so

liebenswürdiger wirken sie wie die Hildebrandt- oder die Regentenstraße.
Eine von ihnen verbreitert sich zu einem kleinen Platz rings um die Matthäikirche; dies schmale Gotteshaus mit dem spitzen Turm und spitzigen Nebentürmchen in dem gelben und rötlichen Backstein erbaut, der so viele Kirchen von Berlin eine gewissen Ähnlichkeit mit Berliner Bahnhöfen gibt, erhebt sich aus Efeuranken und über Fliederbuschwerk. ... Der angenehme private Charakter der Königin Augustastraße wird an ein paar Stellen gestört durch prätentiöse öffentliche Gebäude, Reichswehrministerien und Reichsversicherungsämter und dergleichen. ... Knapp vor der Ecke der Potsdamerstraße gab es bis vor kurzem eine ganz kleine Synagoge, eine winzige Orientmauer, die wir liebten. Sie ist nun weggebrochen mit ihren Nachbarn, um einem neuen großen Eckhaus Platz zu machen. ... Der alte Westen – vom Tiergartenviertel abgesehen, das zwar auch viel gelitten, aber doch durchgehalten hat – der alte Westen hat verloren, wie man von Schönheiten sagt, die aus der Mode gekommen sind.«

Wusste man, wie Else Lasker-Schüler schreibt, in Berlin immer wie viel Uhr Kunst es geschlagen hat – »hier ist die Uhr der Kunst, die nicht nach noch vor geht« –, zeigen die Zeiger der Uhr gegenläufige Zeiten an. Ausgerechnet die Kirchturmuhr der Matthäus-Kirche, die doch ein Orientierungspunkt des Viertels sein soll, zeigt vorwärts und rückwärts zugleich, wie Julie Elias 1927 in ihrer Kolumne im *Berliner Tageblatt* schreibt:

Die Kirchturmuhr

»Einstmal ging das Leben nach auf dem Platze, alles ging nach, nur die Kirchturmuhr nicht. Allmählich paßte sich der Platz ein wenig dem Rhythmus der Stadt an, seine Architektur, seine Menschen, sein Betrieb.
Plötzlich ist die relative Ruhe des Platzes gestört, nichts will mehr recht stimmen. Was ist passiert? Die Uhr wird träge, ja ›es drohte zu stocken ihr Lauf‹. Sie, die bisher einer Normaluhr gleich geachtet wurde, der die vornehmen und korrekten Anwohner so verschworen waren, daß sie in ihren Räumen keine andere Uhr duldeten, sie geht sowohl vor als nach. Ihre beiden Gesichter, das eine, dem Kanal zugewandt, das andere in den herbstlichen Tiergarten blickend, wurden zum Januskopf: das eine, ältere, klammerte sich an die Vergangenheit, das andere, jüngere, blickte vorwärts in die Zukunft.
Die Anwohnerschaft des Platzes und der in ihn mündenden Straße teilt sich in zwei Gruppen, die einen kommen überall zu früh, die anderen verspäten sich. Die Köchinnen haben es nicht leicht: diesseits wird nichts gar und jenseits brodelt alles ein. Die Klienten des Zahnarztes hüben treffen vor der verabredeten Zeit ein und der Sanitätsrat drüben muß auf seine Patienten warten. In diesen stummen Zwiespalt klingt, in dem großstädtischen Getriebe unbeachtet, der Schlag der Uhr, der die richtige Zeit verkündet, doch ungehört verhallt.
Ein Leben lang ist mir nie der Gedanke gekommen, ob die Anwohner des Platzes Anrecht auf eine richtig gehende Uhr haben, ich weiß auch nicht, ob sie das Recht haben, eine

falsch gehende Uhr abzulehnen. Nur eines weiß ich gewiß, viele seufzen:

›Ich wollte, sie wäre rascher
Gegangen an manchem Tag.‹«

Potsdamer Platz zwischen 1925 und 1930

Potsdamer Platz

Das dem Kanal zugewandte Zifferblatt der Matthäus-Kirchturmuhr blickte in Richtung Potsdamer Platz, der zum verkehrsreichsten Knotenpunkt Deutschlands geworden war. 1902 fuhr die erste U-Bahn-Line Richtung Gleisdreieck, Straßenbahnen und Omnibusse kreuzten den Platz; mit Lokalen und Kaffeehäusern wie dem Café Josty, Nobelhotels wie das berühmt gewordene Hotel Esplanade mit seinem Kaisersaal, in dem noch Wilhelm II. zu Herrenabenden einlud, war er zu einem Vergnügungsviertel geworden. Und aus dem VOX-Haus in der Potsdamer Straße wird 1923 die erste Radioübertragung Deutschlands gesendet: »Achtung, Achtung, hier ist die Sendestelle Vox-Haus auf Welle 400 Meter. Meine Damen und Herren, wir machen Ihnen davon Mitteilung, dass am heutigen Tage der Unterhaltungsrundfunkdienst mit Verbreitung von Musikvorführungen auf drahtlos-telefonischem Wege beginnt.«

Franz Hessel kommt ausnahmsweise nicht zu Fuß, sondern mit einer Stadtrundfahrt zum Potsdamer Platz, von dem vor allem zu sagen sei, »daß er kein Platz ist, sondern das, was man in Paris einen *Carrefour* nennt, eine Wegkreuzung, ein Straßenkreuz, wir haben kein rechtes Wort dafür. Daß hier einmal ein Stadttor und Berlin zu Ende war und die Landstraßen abzweigten, man müßte schon einen topographisch sehr geschulten Blick haben, um das an der Form des Straßenkreuzes zu erkennen. Der Verkehr ist hier offiziell so gewaltig auf ziemlich beengtem Raum, daß man sich häufig wundert, wie sanft und bequem es zugeht. Beruhigend wirken auch die vielen bunten Blumenkörbe der Blumenfrauen. Und in der Mitte steht der berühmte Verkehrsturm und wacht über dem Spiel der Straßen wie ein Schiedsrichterstuhl beim Tennis. Seltsam verschlafen und leer sehn jetzt am hellen Mittag die riesigen Buchstaben und Bilder der Reklamen an Hauswänden und Dächern aus, sie warten auf die Nacht, um zu erwachen. Scharf und glatt, jüngstes Berlin, zieht das umgebaute Haus, das die altberühmte Konditorei Telschow birgt, seine gläsernen Linien. Das Josty-Eck bleibt noch eine Weile alte Zeit. Aber an der anderen Seite der Bellevuestraße wächst … etwas ganz Neues herauf, ein Warenhaus mit einem Pariser Namen. …«

Schon 1894 lässt Theodor Fontane in seinem Roman *Die Poggenpuhls* den nach Berlin zu Besuch kommenden Onkelgeneral die Einladung der Majorin, bei ihnen zu wohnen, mit Blick auf die Matthäus-Kirche, ausschlagen; er bevorzuge, »offengestanden«, den Potsdamer Platz, »weil da das meiste Leben ist«. Er steigt im Hotel Fürstenhof ab und »wenn ich mich da morgens ins Fenster lege, links und rechts ein Sofakissen unterm Arm … und ich habe dann so Café Bellevue und Josty vor mir, Josty mit dem Glasvorbau, wo sie schon von früh an sitzen und Zeitungen lesen, und die Pferdebahnen und Omnibusse kommen von allen Seiten heran, und es sieht aus, als ob sie jeden Augenblick ineinanderfahren wollten, und Blumenmädchen dazwischen …, und in all dem Lärm und Wirrwarr werden dann mit einem Male Extrablätter ausgerufen, so wie Feuerruf in alten Zeiten und mit einer Unkenstimme, als wäre wenigstens die Welt untergegangen – ja, Kinder, wenn ich das so vor mir habe, da wird mir wohl, da weiß ich, daß ich mal wieder unter Menschen bin, und darauf mag ich nicht gern verzichten.«

Sechzehn Jahre später, 1912, verleiht der expressionistische Lyriker Paul Boldt dem Platz ein ganz anderes Gesicht:

Auf der Terrasse des Café Josty

Der Potsdamer Platz in ewigem Gebrüll
Vergletschert alle hallenden Lawinen
Der Straßentrakte: Trams auf Eisenschienen,
Automobile und den Menschenmüll.

Die Menschen rinnen über den Asphalt,
Ameisenemsig, wie Eidechsen flink.
Stirne und Hände, von Gedanken blink,
Schwimmen wie Sonnenlicht durch dunklen Wald.

»Aber erst wenn man die ... Blocks der Hotels am Potsdamer Platz hinter sich gelassen hat und in die Bellevue- oder Friedrich Ebertstraße einbiegt, nähert man sich dem Hauptquartier in der Lennéstraße am Saum des Tiergartens«, resümiert Franz Hessel. Und ›die Bellevuestraße‹ wird immer mehr eine *Rue de la Boëtie* von Berlin. Kunstladen gesellt sich zu Kunstladen. Und davon werden auch die Schaufenster der Modegeschäfte immer erlesener, immer mehr Stilleben. Und das kommt sogar den großen und kleinen Privatautos zugute, die in der Bucht der Auffahrt vor dem Hotel Esplanade warten. Ihre Karosserien, immer besser werdende Kombinationen von Hülle und Hütte, haben wunderbare Mantelfarben. … Schon kommt ein neuer Frauentyp auf, der den Sieg davonträgt, über die, deren Schneider und Putzmacherinnen am Tiergarten wohnen, die Nachkriegsberlinerin.«

Mit Blick auf den Potsdamer Platz nennt Franz Hessel das Gebiet, das »eigentlich erst anfängt, wo das Zentrum und der alte Westen sich berühren«, den »Vorposten der Mode«. Von deren »Hauptquartier« in der Lennéstraße muss man seinen Blick in die umliegenden Straßen schweifen lassen, in die Bendlerstraße, die Tiergartenstraße und Matthäikirchstraße, wo Modekünstlerinnen und -zeichnerinnen, Innenausstatterinnen und Fotografinnen in ihren Ateliers und Salons das Erscheinungsbild und den Stil der »Nachkriegsberlinerin« entwarfen. Mit ihnen begann »die glanzvolle Epoche Anfang des 20. Jahrhunderts, als sich das Tiergartenviertel mit seinen kulturellen Netzwerken zu einem Zentrum der Moderne, des Kunsthandels, der Mode, der Fotografie und der Inneneinrichtung entwickelte«, so Gesa Kessemeier, die diese »einmalige Blütezeit« im Rahmen des Projekts »Die Kunstgeschichte(n) des Tiergartenviertels« der Berliner Kunstbibliothek erforscht.

In der Matthäikirchstraße 4 lebte die Modejournalistin Julie Elias. War für Tilla Durieux das Ehepaar Elias in unmittelbarer Nachbarschaft zu ihrer Wohnung in der Margarethenstraße von besonderer Bedeutung, spielt jetzt das luxuriöse vierstöckige Wohnhaus am Matthäikirchplatz, in dem sie eine Etage bewohnten, eine exemplarische Rolle für die Geschichte des Viertels. Es stand auf dem jetzt großen leeren Platz, dem heutigen Zugang zu den Museen am Kulturforum.

Das Haus war, ebenso wie die umliegenden Gebäude, im Zuge des größenwahnsinnigen Plans der Nationalsozialisten zur Neugestaltung der »Welthauptstadt Germania« zum Abriss vorgesehen. Die jüdischen Mieter wurden in die Emigration getrieben und Hausbesitzer enteignet. Julie Elias wurde gezwungen, das Haus an die Stadt Berlin zu verkaufen. Doch vorerst richtete der »Evangelische Kunstdienst« hier, inzwischen Matthäikirchplatz 2, eine Geschäftsstelle und Ausstellungsräume ein. Dem Propagandaministerium zugeordnet und durch Reichsmittel finanziert, beteiligte er sich beim Verkauf der von den Nationalsozialisten verfemten »entarteten« Kunst. Das Haus wurde im April 1945 durch Brandbomben zerstört.

Die verschwindende Stadt

Am 30. Januar 1933 wird Hitler Reichskanzler.
Am 31. Januar, dem Tag der Machtübernahme, sieht Max Liebermann vor seinem Haus am Pariser Platz den Fackelzug der SA-Horden vorbeiziehen und soll dabei gesagt haben, er könne gar nicht so viel fressen, wie er kotzen möchte. Am 27. Februar brennt der Reichstag, im März wird das erste Konzentrationslager, Dachau, errichtet, am 10. Mai werden die Bücher jüdischer und anderer unliebsamer Schriftsteller verbrannt. Wenige Jahre später, am 9. November 1938, in der Reichspogromnacht, werden jüdische Geschäfte, Einrichtungen und Synagogen zerstört.
Viele der Stimmen, mit denen über das Viertel erzählt werden konnte, sind mit der Vertreibung der jüdischen Bewohner verstummt. Die Stimmen in Form von Tagebüchern, Erinnerungen und Dokumenten, die übrigbleiben, sind hier nur Bruchstücke einer Chronik der Zerstörung.
Max Liebermann tritt 1933 aus der Preußischen Akademie der Künste aus. Seinen Schritt begründet er in der *Central Verein-Zeitung*: »Ich habe während meines langen Lebens mit all meinen Kräften der deutschen Kunst zu dienen gesucht. Nach meiner Überzeugung hat Kunst weder mit Politik noch mit Abstammung etwas zu tun, ich kann daher der Preußischen Akademie der Künste, deren ordentliches Mitglied ich seit mehr als dreißig Jahren und dessen Präsident ich zwölf Jahre gewesen bin, nicht länger angehören, da dieser mein Standpunkt keine Geltung mehr hat. Zugleich

habe ich das Ehrenpräsidium der Akademie niedergelegt.« In einem Brief an den Kunstsammler Carl Sachs schreibt er: »Aus dem schönen Traum der Assimilation sind wir leider, leider! nur zu jäh aufgewacht. Für die jüdische Jugend sehe ich keine Rettung als die Auswanderung nach Palästina, wo sie als freie Menschen aufwachsen kann und den Gefahren des Emigrantentums entgeht.« Er starb 1935 und musste die Beschlagnahmung seiner Sammlung und seines Besitzes, die Entfernung seiner Bilder aus der Nationalgalerie nicht mehr erleben.

Um der Enteignung, Beschlagnahmung und Vertreibung zu entgehen und ihre Emigration zu ermöglichen, verkauften jüdische Sammler und Hausbesitzer ihre Sammlungen und Häuser unter skandalösen Bedingungen. Die Bilder dieser »Raubkunst« sind in der ganzen Welt zerstreut.

Die Auseinandersetzungen über die Restitution dieser Verkäufe, deren Aufklärung teilweise bis heute aussteht, sind noch immer virulent. Ein kleines Beispiel davon führt wieder zurück in die Tiergartenstraße. Als 2023 in New York bei Sotheby's ein Bild von Cézanne zum Gebot stand, stellte sich während der Auktion heraus, dass es sich um »Fluchtkunst« handelte. Auf der Rückseite des Bilderrahmens stand zu lesen: Goldschmidt, Tiergartenstraße.

Hierhin, in die Tiergartenstraße 4, verirrt sich Walter Benjamin in eine Ausstellung bei dem Kunsthändler Graupe. Seine *Rundfunkgeschichten für Kinder* hat er noch geschrieben, kurz bevor er 1933 nach Paris ins Exil ging:

»Für die jedenfalls, die Labyrinthe gern haben, gibt es hier zum Schluß noch eine besondere Einlage. Ich will ihnen

Tiergartenstraße 4

nämlich verraten, wo gerade jetzt die schönsten Labyrinthe, die mir je vorgekommen sind, zu sehen sind. Das ist bei dem Buchhändler Paul Graupe, der in seinem großen schönen Haus einen ganzen Saal für die schnurrigen Stadt-, Wald-, Berg-, Tal-, Burgen- und Brückenlabyrinthe eingeräumt hat, die der Münchner Maler Hirth unglaublich säuberlich mit der Feder vor sich hin gekritzelt hat und in denen ihr lange mit den Augen spazieren könnt. Putzt euch aber die

Stiefel schön ab, denn bei Paul Graupe ist es sehr vornehm. Wenn ihr dann zwischen den Stadtbildern, Landkarten und Plänen, die ihr dort findet, einen Blick zum Fenster hinauswerft, so habt ihr gerade wieder den Tiergarten vor euch, und damit sind wir heute wieder ganz labyrinthisch herumspaziert und kommen, ehe wir's uns versehen, da an, wo wir vor 25 Minuten begonnen haben.«

Die Ausstellung fand in der ehemaligen Villa der Familie des älteren Bruders von Max Liebermann statt, bei dem Antiquar und Kunsthändler Graupe, der seinen Firmensitz in der Tiergartenstraße 4 hatte. Georg Liebermann, der ältere Bruder von Max Liebermann, hatte die Villa des Bankiers Weisbach 1909 gekauft und nach seinem Tod 1926 seinen Kindern vererbt.

Paul Graupe hatte in der oberen Etage der Villa zusammen mit dem Kunsthändler Hermann Ball seinen Firmensitz. 1933 zog, noch ehe die Eigentümer zum Verkauf gezwungen wurden, die Auslandsorganisation der NSDAP ein. Ab 1940 wurde das Haus zur Organisations- und Verwaltungszentrale der »Aktion T4«.

Auf dem Vorplatz der Berliner Philharmonie wurde 1989 eine Gedenktafel eingelassen:

»An dieser Stelle, in der Tiergartenstraße 4, wurde ab 1940 der erste nationalsozialistische Massenmord organisiert, genannt nach dieser Adresse ›Aktion T4‹.

Von 1939 bis 1945 wurden fast 200 000 wehrlose Menschen umgebracht. Ihr Leben wurde als ›lebensunwert‹ bezeichnet, ihre Ermordung hieß ›Euthanasie‹.«

In den »Tiergarten – The Garden of Beasts« zog 1933 der amerikanische Botschafter William Edward Dodd ein:

»Die Dodds wollten endlich aus dem Esplanade ausziehen. Die Frage, wo der amerikanische Botschafter in Berlin wohnen sollte, war schon lange auf peinliche Weise ungelöst. Martha, die Tochter, und ihre Mutter sahen sich die schöneren Wohngegenden Berlins an und entdeckten eine Stadt voller Parks und Gärten und dazu Blumenkästen und Pflanzen auf scheinbar allen Balkons. Sie trafen auf Gruppen uniformierter junger Leute, die glücklich dahinmarschierten und sangen, aber auch auf bedrohlicher wirkende SA-Trupps mit Männern aller Größen in schlechtsitzenden Uniformen, deren Herzstück ein fürchterlich unvorteilhaft geschnittenes braunes Hemd war. Seltener sahen sie die schlanken, besser gekleideten Männer der SS in ihren nachtschwarzen, rot akzentuierten Uniformen, die an Amseln erinnerten.

Dodds hatten reiche Auswahl, wobei sie zu fragen vergaßen, warum so viele große, perfekt und luxuriös möblierte Anwesen zu vermieten waren. Die Gegend, die ihnen besonders gefiel, lag südlich vom Tiergarten, entlang des Wegs, den Dodd täglich zur Arbeit ging. Die Häuser waren dort hübsch, ruhig gelegen und hatten schattige Gärten. Eines war frei geworden. Alfred Panofsky, der wohlhabende Eigentümer einer Privatbank und einer der etwa sechzehntausend Juden (das waren neun Prozent aller Berliner Juden), die in dieser Gegend wohnten. Obwohl die Juden in ganz Deutschland aus ihren Arbeitsstellen vertrieben wurden, war Panofsky auch weiter im Geschäft, überraschenderweise mit offizieller Duldung.

Das Anwesen in der Tiergartenstraße 27a war ein dreistöckiges Herrenhaus, das für die Familie Warburg gebaut worden war. Der Park lag gegenüber. Panofskys wollten es nicht ganz vermieten, nur die unteren Etagen. Er bot dem Botschafter das Haus mit der ausdrücklichen Absicht an, so für sich und seine Mutter einen besseren Schutz zu erlangen, würde doch sicher selbst die SA den internationalen Aufschrei nicht riskieren, den ein Angriff auf das Haus des Botschafters auslösen würde …« und Dodd schreibt an Präsident Roosevelt:
»Wir haben eine der besten Residenzen Berlins für 150 Dollar monatlich bekommen – was daran liegt, dass der Besitzer ein wohlhabender Jude ist, der uns als Mieter wollte.«

In ihren Erinnerungen *Etwas Seltenes überhaupt* schreibt die Schriftstellerin und Gerichtsreporterin Gabriele Tergit, wie überstürzt es 1933 zu ihrer Emigration kam:
»Am 4. März gegen fünf Uhr morgens trommelte der Sturm 33 an unsere Wohnungstür. Sie klingelten wie verrückt. Heinz schrie dem Mädchen zu: ›Nicht aufmachen.‹ Diesen zwei Worten habe ich es zu verdanken, daß ich noch da bin.
Er ging zur Tür, öffnete einen Spalt. Einer stellte seinen Fuß in den Spalt, die Sicherheitskette hielt: ›Haftbefehl für ihre Frau.‹
›Von wem?‹
›Direkt von Reichsminister Göring.‹
Heinz preßte die Tür, bis der Mann den Fuß zurückzog, und knallte die Tür zu. …

»Welthauptstadt Germania«, Planung 1939

›Ich bleibe nicht‹, sagte ich zu Heinz …
›Es ist noch schöner Schnee‹, sagte Heinz, ›fahr nach Spindlermühle.‹
Mein Bruder und Heinz brachten mich in diesen tschechischen Teil des Riesengebirges.«
Von der Tschechoslowakei aus emigrierte sie zusammen mit ihrem Mann, dem Architekten Heinz Reifenberg, nach Palästina, 1938 siedelte sie mit ihrer Familie nach England über und lebte bis zu ihrem Tod 1982 in London im Exil.

Die Pläne der »Neugestaltung« Berlins zur »Welthauptstadt Germania« durch die Nationalsozialisten sollten nun realisiert werden. Im Zuge dessen waren der Abriss und die Umsiedelung der Matthäus-Kirche nach Spandau vorgesehen. Nach sicher heftigen Auseinandersetzungen gab der Gemeindekirchenrat 1938 seine Zustimmung zur Veräußerung des Grundstücks:
»Der Gemeindekirchenrat der St. Matthäikirchengemeinde hat in der Sitzung vom 21. Nov. 1938 beschlossen, dem Wunsch des Generalbauinspektors zu entsprechen und, ohne erst gesetzliche Maßnahmen abzuwarten, der Veräußerung des Grundstücks, auf dem die St. Matthäikirche steht und des dieses Grundstück umgebenden Straßen- und Platzlandes zuzustimmen. Er ist sich der Tragweite dieses Entschlusses wohl bewußt. Als Körperschaft des öffentlichen Rechtes und als Vertretung der Evangelischen Kirchengemeinde ist er bestrebt, bei der Durchführung der großen Planungen des Führers und Reichskanzlers nach seinen Kräften mitzuhelfen. Deshalb bittet er den Generalbauinspektor, in dem Gemeindebezirk einen Platz für den

Die zerstörte Matthäus-Kirche

Neubau einer Kirche und eines Gemeinde- und Pfarrhauses vorzusehen.
Vielleicht würde ein neuer Kirchenbau als Abschluß einer auf den Tiergarten zulaufenden Straße städtebaulich zu bevorzugen sein, andernfalls müßte ein Einbau in die Straßenfront versucht werden. Der Gemeindekirchenrat wird bei dem geplanten Neubau den künstlerischen Anforderungen des Herrn Generalbauinspektors Folge leisten.«

Albert Speer antwortet am 7. März 1939: »Auf Ihr Schreiben vom 8. 12. 1938 teile ich Ihnen nach nochmaliger Prüfung mit, daß es mir unmöglich ist, im Diplomatenviertel einen Bauplatz für den Neubau der St. Matthäus bereit zu stellen, da unbebaute Grundstücke in diesem Gebiet nicht zur Verfügung stehen. Einer Bebauung im *Tiergarten selbst* kann ich aus grundsätzlichen Erwägungen nicht zustimmen.« Das Pfarrhaus wurde 1939 abgerissen. Die Kirche brannte kurz vor Kriegsende 1945 vollständig aus.

Die noch verbleibenden Mieter in den zum Abriss vorgesehenen Wohnungen des Viertels erhielten ein Schreiben des Präsidenten »der Durchführungsstelle für die Neugestaltung der Reichshauptstadt«:

> Herrn Küster Schmidtchen
> Berlin
> Matthäikirchstr. 1
> Berlin den 13. 4. 1939
>
> An umseitige Adresse!
> Sie sind mir als »Abrissmieter« gemeldet und ich bin bereit, Ihnen einen Mietberechtigungsschein zur Ermietung einer freiwerdenden Judenwohnung zu übersenden. Ich benötige in Ihrem Interesse dazu die Angaben auf der Trennkarte, die ausgefüllt und deutlich geschrieben, sofort an mich zurückzusenden ist.
> Sie erhalten dazu umgehend den Mietberechtigungsschein und laufend in jeder Woche eine Wohnungsliste. Jede darin aufgeführte Wohnung können Sie mit Einverständnis des Hauswirtes mieten, und derselbe ist nur gehalten, unverzüglich die Anlage Ihres Mietberechtigungsscheins – deutlich ausgefüllt – an mich einzusenden. Es steht Ihnen frei, die Wohnungslisten für zwei Verwaltungsbezirke anzufordern.

Ich mache darauf aufmerksam, daß der Wohnungsnachweis nur eine gewisse Zeit vor sich geht. Sie müssen sich also bemühen und jede Möglichkeit zur Ermietung einer Wohnung ausnutzen.

Trotz Ausbruch des Kriegs 1939 wurden die Abrissarbeiten für die »Neugestaltung der Reichshauptstadt« – »von Berlin nach Germania« – fortgeführt. »Die Abrisse erstreckten sich bis ins Jahr 1942 hinein, wobei britische Bomben die Arbeit der damit beauftragten Firmen hin und wieder ›erleichterten‹, was das Tagebuch des GBI (Generalbauinspektor) als ›wertvolle Vorarbeit zum Zwecke der Neugestaltung‹ durchaus zu würdigen wußte.«

Martha Liebermann hatte nach dem Tod von Max Liebermann eine Wohnung in der Hohenzollernstraße 23, die 1933 in Graf-Spee-Straße umbenannt wurde und jetzt Hiroshimastraße heißt, bezogen. Sie wollte nah dem Grab ihres Mannes bleiben und war bis 1942 zwar nicht vor Verfolgung, doch vor der Deportation verschont geblieben. Die Journalistin Ursula von Kardorff schildert in ihren Aufzeichnungen einen Besuch im Dezember 1942 bei Frau Liebermann: »Sie hat einen Schlaganfall gehabt und lag im Bett. Beinahe hätte sie in die Schweiz ausreisen können, Freunde, vor allem Albrecht Bernstorff, hatten sich darum bemüht, aber es scheiterte immer wieder an der zu hohen Devisenforderung.« Und am 3. März 1943: »Frau Liebermann ist tot. Tatsächlich kamen sie noch mit einer Bahre, um die Fünfundachtzigjährige zum Transport nach Polen abzuholen. Sie nahm in dem Moment Veronal, starb einen Tag später im Jüdischen Krankenhaus …«

Nach den schweren Bombenangriffen 1944 notiert Kardorff: »Der neueste Witz: ›Berlin ist die Stadt der Warenhäuser, hier war'n Haus und da war'n Haus‹. ... Überall Trümmer. ... In der ehemaligen Hohenzollernstraße, jetzt Graf-Spee-Straße, in der ich geboren wurde, stand nur noch ein Haus. Die Umwelt einer ganzen Epoche ist im alten Westen, dem besten Teil Berlins, nun ausgelöscht.«

Am 8. Mai hat Deutschland bedingungslos kapituliert. Der Krieg war zu Ende.
»Die letzten sechs Kampftage haben Berlin schlimmer zugerichtet als zehn schwere Bombenangriffe. Nur vereinzelt trifft man auf ein heiles Haus ... Auf Umwegen kommen wir zum Tiergarten. Oder zu dem, was von ihm übrigblieb. Bestürzt blicke ich auf die zerfetzten Bäume. Geknickt, geborsten, bis zur Unkenntlichkeit verstümmelt ...«, schreibt die Schriftstellerin und Journalistin Ruth Andreas-Friedrich im Mai 1945 in ihr Tagebuch.

Ackerbau im Tiergarten

Kartoffelernte im Berliner Tiergarten

Alles hatte im Grünen, im, am und um den Tiergarten, den alle Berliner so lieben, begonnen; Erich Kästner lässt ihn mit seiner Schilderung von dem, was 1946 von ihm übriggeblieben war, noch einmal aufleben.

»Als ich in Berlin ankam, sagten die Bekannten: ›Am traurigsten sieht der Tiergarten aus.‹ Wenn sie gesagt hätten, er sähe ›am tollsten‹ aus, ›am verrücktesten‹ oder ›am unglaubhaftesten‹, wären sie dem Eindruck, den der Anblick mir machte, nähergekommen. Der Tiergarten, dieser riesenhafte Altberliner Park mitten in der Stadt, ist vom Erdboden verschwunden, als sei er, mit seinen Alleen, Bänken, Seen, Ruderbooten, Brückchen, Kaffeeschlösschen und Poetenwegen, niemals dagewesen. Das sanft rauschende Meer von Bäumen, das vom Brandenburger Tor bis zum Zoologischen Garten und von der Bendlerstraße bis zum Hansaviertel reichte, existiert nicht mehr. Eine ganze Landschaft, deren romantischer Zauber mit den Namen Menzel, Fontane, Georg Hermann und Liebermann innig verbunden war und bleibt, ist weggehext worden, als hätten wir in früheren Tagen nur davon geträumt.
Wie war das möglich? Die Frage ist schnell beantwortet: Die ersten Lücken riss der Straßenkampf im Frühjahr 1945, der gerade in diesem Viertel lebhaft tobte. Doch den entscheidenden Schlag führten die Berliner selber. Sie mussten ihn führen, wenn sie nicht erfrieren wollten. Der Tiergarten

wurde verheizt! Er wanderte in die Berliner Öfen. Er wurde zu Kleinholz verarbeitet und abgeschleppt, bis kein Baumstumpf mehr zu sehen war. Und nachdem man ihn verheizt hatte, ging man ans Kolonisieren. Man baute auf der Riesenfläche Kartoffeln und Kohl an. Tomaten, Tabak und Gemüse. Als ich die Charlottenburger Chaussee entlangfuhr, war man gerade bei der Kartoffelernte. Auf der einen Seite konnte ich die Fassaden der ehemaligen italienischen und japanischen Botschaften erkennen, auf der anderen Seite blickte ich bis Moabit, und dazwischen buddelten die Berliner Kartoffeln aus.

So seltsam, ja, so verdreht dieses Panorama schien – das war noch nicht das Äußerste. Geradezu unwirklich wurde das Bild durch die Denkmäler, die früher einmal lauschig zwischen Bäumen, Rasen und Strauchwerk standen und die jetzt wie steinerne und bronzene Gespenster sinnlos verstreut aus einem immensen Schrebergarten herausragen. An einer Stelle langweilt sich Goethe auf seinem Sockel, mitten zwischen Kraut und Rüben. Irgendwo anders reitet Diana auf ihrem Pferd durch die Kartoffeln. Dem Pferd hat ein Granatsplitter auch noch den Schweif abgerissen. Zwischen Tomatenkraut schaut das Geweih eines hingelagerten Bronzehirsches hervor. Man steht verwirrt und blickt zur Siegessäule hinüber, auf der die Trikolore weht …

Am unglaublichsten wird die Szenerie schließlich, wenn man die Siegesallee passiert. Die marmorne Ahnengalerie der Hohenzollern, die, dank dem alten Begas und seinen Mitarbeitern, früher an eine lange Doppelreihe weißer Tortenaufsätze erinnerte, erinnert heute an überhaupt nichts mehr. Es gibt nichts auf der Welt, was sich mit diesem Anblick vergleichen ließe. Er ist, um Hitlers Lieblingswort zu verwenden, ›einmalig‹. Höchstens die Phantasie eines Wahnsinnigen oder die abseitige Vorstellungskraft eines surrealistischen Malers wäre imstande, dergleichen aus Eigenem zu produzieren. Die einzelnen Marmorfürsten und die ihnen als Büsten beigegebenen Ratgeber und Heroen sind überdies hier und da im Kampf lädiert worden. Friedrich Wilhelm dem Zweiten beispielsweise, dem Gatten der Gräfin Lichtenau, hat es den Kopf abgerissen. Auf dem Nachbarsockel stützt sich sein Oheim, der ›Philosoph von Sanssouci‹, schwer auf den Krückstock. Ein paar alte Eichen haben die Berliner in dieser Allee stehen lassen. Vielleicht aus Pietät. Aber ich weiß es nicht.«

1948 im Mai reist Gabriele Tergit nach ihrer Emigration zum ersten Mal aus London nach Berlin und sieht das zerstörte Viertel: »Ich lief aufgeregt durch Berlin, der eigene Schritt das einzige Geräusch. Die Sonne schien. Alle Häuser in der Straße waren gebombt, warfen Schatten mit den Fenstern als viereckige Sonnenflecken, denn die Fenster waren Löcher in den Fassaden. Der alte Westen mit seinen klassizistischen Häusern, das Wohnviertel des begüterten Bürgertums der Kaiserzeit, bevor es nach dem Grunewald oder Schlachtensee gezogen war, war am 23. November 1943 in einem rasenden Sturm von Feuerbomben von der Gedächtniskirche bis zum Potsdamer Platz vernichtet worden. Es war eine grün bewachsene Wüste … Das eigentliche Tiergartenviertel sah aus, daß ich Heinz schrieb, ich hätte meine Verdächte wegen Pompeji, die Ruinen des Tiergartenviertels sähen genau so aus, da eine schlanke gerillte

Säule, ein Stück Wand mit Fensteröffnungen, die eine mit einer runden, die andre mit einer dreieckigen Bekrönung, eine Terrasse mit Balustern. Tradition seit Rom, nie ganz zerstört. Da und dort blühten noch Flieder oder Goldregen. Altes Europa. …

Es waren die Villen der Rathenau und Hansemann, des Nuntius Pacelli, der Stahlfedern Blanckertz, der Bleichröder, der Kaiserfreunde Staudt, aber auch die japanische Gesandtschaft war dort. Goebbels, der sagte, er könne nichts Jüdisches ertragen, zog sofort in die Villa Goldschmidt, ein Haus, das von einem Juden bewohnt und von einem Juden erbaut war. Hitler ließ Dutzende dieser Villen abreißen, um dort ein Gesandtschaftsviertel zu schaffen, wobei sein bewunderter Mussolini Breslauer mit einem ebenfalls größenwahnsinnigen italienischen Gesandtschaftsbau beauftragte, noch nicht fertig, schon zerbombt. … Der Potsdamer Platz, der Eingang zum alten Berlin, Jahrzehnte sein Mittelpunkt, war nur noch ein Schutthaufen. … Das alte Café Josty Bauschutt …«

Weinhaus Huth

»Ich kann den Potsdamer Platz nicht finden.« Was bleibt – was ist

»In schroffer Einsamkeit ein unfreiwilliges Monument«, nennt der italienische Architekt Vittorio Magnano Lampugnani die Villa Parey, eines der sieben stehengebliebenen Gebäude im und rund um das Kulturforum. Als Denkmal mit den ihm zugefügten Einschusslöchern wurde sie in den Neubau der Gemäldegalerie integriert.

»Das alte Weinhaus Huth aufrecht und allein unterm Mondlicht. … Das ganze Haus ein Leuchtturm, einsam in hellgrauem Stein; mit seinen Erkern und hohen Fenstern einen früheren Glanz ausstrahlend« war das letzte Haus, das auf dem Potsdamer Platz an der Grenze zur Berliner Mauer stehengeblieben war. Heute steht es in der Alten Potsdamer Straße innerhalb des Daimler Areals am Potsdamer Platz. In diesem Niemandsland irrt der Schauspieler Curt Bois in Wim Wenders Film *Himmel über Berlin* herum und kann den Potsdamer Platz nicht finden. »Hier – das kann er doch nicht sein!« Nach dem Krieg wurden bis in die 60er Jahre die Ruinen der noch vorhandenen, aber teilweise zerstörten Gebäude abgetragen. Nichts mehr sollte an die Zeit der Nazidiktatur erinnern. Die Geschichte des Viertels und die Schicksale von Enteignung, Vertreibung und Tod seiner Bewohner sollten entsorgt und vergessen werden.

Kulturforum mit Platane

Eine alte Platane steht seit 150 Jahren festgewurzelt am heutigen Hans-Scharoun-Platz. Sie hat die Geschichte des Viertels, seiner verschwundenen Straßen, Häuser und Menschen überdauert.

Dank

Dieses Buch und sein Titel verdanken sich einer Veranstaltungsreihe der Stiftung St. Matthäus, die in der St. Matthäus-Kirche stattgefunden hat. Den Grundstein für *Die verschwundene Stadt* hat Pfarrer Hannes Langbein gelegt. Er hat als der Kunstbeauftragte der Stiftung St. Matthäus eine dreiteilige szenische Lesereihe initiiert, die unter diesem Titel von 2019 bis 2022 in der St. Matthäus-Kirche stattgefunden hat. Die Lesungen mit Schauspielern und Schauspielschülern, Stadthistorikern und Autoren zur »Rekonstruktion des alten Tiergartenviertels von 1846-1950« sollten die Menschen, die Häuser, das Leben in Erinnerung rufen, von dem außer der Kirche auf dem Kulturforum kaum noch etwas vorzufinden ist.

Ich danke dem stetigen Begleiter, Berater und Mitentwickler des Projekts Thomas Sparr, dass er mich mit der Auswahl und Gestaltung der Lesungen betraut hat. Dank auch an Kathrin Ritzka, die zusammen mit mir dafür die Stimmen gesammelt hat, die mit vielen anderen auch hier wieder zu Wort kommen. Sibylle Nägele und Joy Markert sind die historischen Einordnungen der Lesungen zu verdanken und ihre unverzichtbaren Beiträge in dem dazu erschienenen Programmbuch *Die verschwundene Stadt*. Der Stiftung St. Matthäus danke ich für die Einsicht in die Originaldokumente aus der NS-Zeit und für den Brief von Siegmund Joel Meyer. Bei Gesa Kessemeier bedanke ich mich für »Die Kirchturmuhr« von Julie Elias und ihre Hinweise auf die Mode im Tiergartenviertel. Und last not least, danke an Geoffrey Layton fürs geduldige Lesen und Zuhören.

Literaturverzeichnis und Quellennachweise

Hannah Arendt: Rahel von Varnhagen. Lebensgeschichte einer deutschen Jüdin aus der Romantik, München 1981

Bettina von Arnim: Da wir uns einmal nicht verstehen. Briefwechsel mit ihren Söhnen, Bd. 2, Göttingen 2012

Inka Bach (Weinhaus Huth), in: Bahnhof Berlin, herausgegeben von Katja Lange-Müller, München 1997

Wilhelmine Bardua: Die Schwestern Bardua. Bilder aus dem Gesellschafts-, Kunst- und Geistesleben der Biedermeierzeit. Aus Wilhelmine Barduas Aufzeichnungen gestaltet von Johannes Werner, Leipzig 1929

Peter von Becker: Eduard Arnhold. Reichtum verpflichtet – Unternehmer und Kunstmäzen, Leipzig 2019

Walter Benjamin: Aufzeichnungen und Materialien zum Passagenwerk [M I, 2]. Gesammelte Schriften V/1, herausgegeben von Rolf Tiedemann, Frankfurt am Main 1982

Walter Benjamin: Berliner Kindheit um 1900, Frankfurt am Main 1950

Walter Benjamin: Rundfunkgeschichten für Kinder. Gesammelte Schriften VII/1, herausgegeben von Rolf Tiedemann und Hermann Schweppenhäuser, Frankfurt am Main 1989

Walter Boehlich / Nicolas Berg: Der Berliner Antisemitismusstreit, Berlin 2023

Paul Boldt: Auf der Terrasse des Café Josty. Gedichte 1912-1918, herausgegeben von Marc Pendzich, Offenbach am Main 2009

Georg Brühl: Herwarth Walden und »Der Sturm«, Köln 1983

Carl Büchsel: Erinnerungen aus meinem Berliner Amtsleben, Bd. 4 aus: Erinnerungen aus dem Leben eines Landgeistlichen, Berlin 1861

Marie von Bunsen: Zeitgenossen, die ich erlebte. 1900-1930, Leipzig 1932
Hedwig Dohm: Kindheitserinnerungen einer alten Berlinerin, in: Selbsterzählte Jugenderinnerungen, Berlin 1912
Hedwig Dohm: Der Mißbrauch des Todes: https://www.projekt-gutenberg.org/dohm/missbrau/missbrau.html
Tilla Durieux: Eine Tür steht offen. Erinnerungen, © 1954 by F. A. Herbig Verlagsbuchhandlung GmbH, München
Bernhard Echte / Walter Feilchenfeldt: Kunstsalon Paul Cassirer. Die Ausstellungen 1910-1912 / 1912-1914, Wädenswil 2016.
Julie Elias: Die Kirchturmuhr, in: Berliner Tageblatt 1927
Theodor Fontane: Christian F. Scherenberg und das literarische Berlin 1840-1860, Berlin 1885
Theodor Fontane: Autobiografisches Fragment und Auf der Suche. Erzählung, in: Wie man in Berlin so lebt. Beobachtungen und Betrachtungen aus der Hauptstadt, herausgegeben von Gotthard Erler, Berlin 2018
Theodor Fontane: Cécile. Roman, Berlin 1995
Theodor Fontane: Die Poggenpuhls. Roman, Berlin 2019
Ruth Andreas-Friedrich: Der Schattenmann. Tagebuchaufzeichnungen 1938-1948, Frankfurt am Main 2000
Ludwig Emil Grimm: Lebenserinnerungen des Malerbruders, Berlin 2015
Michael Grüning: Der Wachsmann-Report – Auskünfte eines Architekten, Berlin (Ost) 1985
Franz Hessel: Spazieren in Berlin, neu herausgegeben von Moritz Reininghaus, Berlin 2011
Erich Kästner: Kartoffelernte im Berliner Tiergarten, aus: Sonderbares vom Kurfürstendamm. Berliner Beobachtungen, herausgegeben von Sylvia List, Atrium Verlag, Zürich 2015, © Thomas Kästner
Ursula von Kardorff: Berliner Aufzeichnungen 1942-1945, München, 1981

Gottfried Keller: Gesammelte Gedichte. Zweiter Band, herausgegeben von Jonas Fränkel, Bern und Leipzig 1937

Alfred Kerr: Walther Rathenau: Erinnerungen eines Freundes, Amsterdam 1935

Gesa Kessemeier: Die Kunstgeschichte(n) des Tiergartenviertels. Wiederentdeckung einer besonderen Nachbarschaft, in: SPK Magazin 23. 8. 2023

Harry Graf Kessler: Paul Cassirer in Memoriam, Künstler und Nationen. Aufsätze und Reden 1899-1933, Frankfurt am Main 1988

Harry Graf Kessler: Tagebücher 1918 bis 1937, herausgegeben von Wolfgang Pfeiffer-Belli, Frankfurt am Main 1995

Jana Kittelmann: Der Briefwechsel zwischen Berthold Auerbach und Fanny Lewald, in: Jahrbuch der Deutschen Schiller-Gesellschaft 55 (2011)

Erik Larson: Tiergarten. In the Garden of Beasts. Ein amerikanischer Botschafter in Nazi-Deutschland, aus dem Amerikanischen von Werner Löcher-Lawrence, Hamburg 2011

Else Lasker-Schüler: Prosa 1921-1945. Nachgelassene Schriften, Frankfurt am Main 2001

Bernhard Lepsius: Das Haus Lepsius. Vom geistigen Aufstieg Berlins zur Reichshauptstadt, Berlin 1933

Fanny Lewald: Freiheit des Herzens. Lebensgeschichte, Briefe, Erinnerungen, herausgegeben und mit einem Nachwort von Gerhard Wolf

Fanny Lewald: Erinnerungen aus dem Jahr 1848, Braunschweig 1850

Max Liebermann: Meine Erinnerung an die Familie Bernstein 1908, aus: Carl und Felicie Bernstein, Erinnerungen ihrer Freunde, Dresden 1914: https://www.projekt-gutenberg.org/lieberma/gesschri/chap007.html

Max Liebermann, Frühling 1899: https://www.projekt-gutenberg.org/lieberma/gesschri/chap024.html

Golo Mann: Über Antisemitismus, in: Geschichte und Geschichten, Frankfurt am Main 1961
Joy Markert / Sibylle Nägele: Die Potsdamer Straße. Geschichten, Mythen und Metamorphosen, Berlin 2011
Margarete Mauthner: Das verzauberte Haus, Berlin 2004
Sten Nadolny: Ullsteinroman, © 2006 Ullstein Buchverlage, Berlin
Hans J. Reichardt / Wolfgang Schäche: Von Berlin nach Germania. Über die Zerstörung der Reichshauptstadt durch Albert Speers Neugestaltungsplanungen, Berlin 1998, © Transit Verlag
Rainer Maria Rilke: Von Kunst und Leben. Schriften, herausgegeben von Horst Nalewski, Frankfurt am Main 2001
Julius Rodenberg: Bilder aus dem Berliner Leben (1875), Berlin 1987
Hartwig Schmidt: Das Tiergartenviertel. Baugeschichte eines Berliner Villenviertels, Teil 1: 1790-1870, Berlin 1981
Oscar A. H. Schmitz: Das wilde Leben der Boheme. Tagebücher 1896-1906, herausgegeben von Wolfgang Martynkewicz, Bd. 1, Berlin 2006
Gabriele Seitz: Die Brüder Grimm, Leipzig 1990
James Simon: Briefe an Wilhelm von Bode 1885-1927. Schriften zur Geschichte der Berliner Museen Bd. 6, Zentralarchiv der Staatlichen Museen zu Berlin 2020
Alexander von Sternberg: Erinnerungsblätter aus der Biedermeierzeit, herausgegeben von Joachim Kühn, Berlin 1919
Gabriele Tergit: Etwas Seltenes überhaupt. Erinnerungen, herausgegeben und mit einem Nachwort von Nicole Henneberg. © Schöffling & Co. Verlagsbuchhandlung GmbH, Frankfurt am Main 2018
Karl August Varnhagen: Werke in fünf Bänden, Band 4: Biographien. Aufsätze. Skizzen. Fragmente, herausgegeben von Konrad Feilchenfeldt und Ursula Wiedenmann. Mit einem Bildteil, Frankfurt am Main 1990

Herwarth Walden: Die neue Malerei, in: Der Sturm. Digitale Quellenedition zur Geschichte der internationalen Avantgarde: https://sturm-edition.de/

Nell Walden: Herwarth Walden. Ein Lebensbild, Berlin, Mainz 1963: https://digi.ub.uni-heidelberg.de/diglit/walden1963

Nell Walden / Lothar Schreyer: Der Sturm. Ein Gedenkbuch an Herwarth Walden und die Künstler des Sturmkreises, Baden-Baden 1954

Robert Walser: Briefe 1897-1920, herausgegeben von Peter Stocker und Bernhard Echte, Berlin 2018

Robert Walser: Die kleine Berlinerin. Geschichten aus der Großstadt, Berlin 2018

Kathrin Wehry: Quer durchs Tiergartenviertel. Das historische Quartier und seine Bewohner, Petersberg 2015

Ernst Wildenbruch: Am Matthäikirchplatz, in: Blätter vom Lebensbaum, Berlin 1910

Petra Wilhelmy-Dollinger: Die Berliner Salons. Mit historisch-literarischen Spaziergängen, Berlin, New York 2000

Bildnachweis

bpk, Berlin: Seite 46, 71; 49 (Foto: J. Egers/Kunstbibliothek, SMB), 92 (Foto: Friedrich Seidenstücker)

Bildarchiv Foto Marburg: 64

Bundesarchiv, Berlin: 104; 110 (Foto: Dreyer)

Hessisches Staatsarchiv Darmstadt: 41 (Foto: C. Brasch, R 4, 25704 GF)

Landesarchiv Berlin: 100 (Foto: Walter Köster, F Rep. 290 Nr. 0152461); 68 (Foto: Waldemar Titzenthaler, F Rep. 290 (01) Nr. II12282)

Library of Congress, Washington DC: 24

picture-alliance, Frankfurt am Main: 115 (Caro/Muhs); 117 (Jörg Carstensen/dpa)

Sammlung Stiftung Stadtmuseum Berlin: 17, 31 (Fotos: Georg Bartels, XI 14905 & XI 6181, Reproduktionen: Dorin Alexandru Ionita, Berlin)

Stiftung St. Matthäus, Berlin: 106

Theodor-Fontane-Archiv, Universität Potsdam: 20

Verein zur Erinnerung an Johanna und Eduard Arnhold e.V., Berlin: 56, 59

Wikimedia Commons: 6-7 (Julius Straube, Stadtplan von Berlin, 1910)

Zentralinstitut für Kunstgeschichte, Photothek, München: 72 (ZI-0178-02-3-252838/Brandenburgisches Landesamt für Denkmalpflege)

Alle weiteren Abbildungen stammen aus dem Archiv des Insel Verlags.

Herwarth Walden: Die neue Malerei, in: Der Sturm. Digitale Quellenedition zur Geschichte der internationalen Avantgarde: https://sturm-edition.de/

Nell Walden: Herwarth Walden. Ein Lebensbild, Berlin, Mainz 1963: https://digi.ub.uni-heidelberg.de/diglit/walden1963

Nell Walden / Lothar Schreyer: Der Sturm. Ein Gedenkbuch an Herwarth Walden und die Künstler des Sturmkreises, Baden-Baden 1954

Robert Walser: Briefe 1897-1920, herausgegeben von Peter Stocker und Bernhard Echte, Berlin 2018

Robert Walser: Die kleine Berlinerin. Geschichten aus der Großstadt, Berlin 2018

Kathrin Wehry: Quer durchs Tiergartenviertel. Das historische Quartier und seine Bewohner, Petersberg 2015

Ernst Wildenbruch: Am Matthäikirchplatz, in: Blätter vom Lebensbaum, Berlin 1910

Petra Wilhelmy-Dollinger: Die Berliner Salons. Mit historisch-literarischen Spaziergängen, Berlin, New York 2000

Bildnachweis

bpk, Berlin: Seite 46, 71; 49 (Foto: J. Egers/Kunstbibliothek, SMB), 92 (Foto: Friedrich Seidenstücker)
Bildarchiv Foto Marburg: 64
Bundesarchiv, Berlin: 104; 110 (Foto: Dreyer)
Hessisches Staatsarchiv Darmstadt: 41 (Foto: C. Brasch, R 4, 25704 GF)
Landesarchiv Berlin: 100 (Foto: Walter Köster, F Rep. 290 Nr. 0152461); 68 (Foto: Waldemar Titzenthaler, F Rep. 290 (01) Nr. II12282)
Library of Congress, Washington DC: 24
picture-alliance, Frankfurt am Main: 115 (Caro/Muhs); 117 (Jörg Carstensen/dpa)
Sammlung Stiftung Stadtmuseum Berlin: 17, 31 (Fotos: Georg Bartels, XI 14905 & XI 6181, Reproduktionen: Dorin Alexandru Ionita, Berlin)
Stiftung St. Matthäus, Berlin: 106
Theodor-Fontane-Archiv, Universität Potsdam: 20
Verein zur Erinnerung an Johanna und Eduard Arnhold e.V., Berlin: 56, 59
Wikimedia Commons: 6-7 (Julius Straube, Stadtplan von Berlin, 1910)
Zentralinstitut für Kunstgeschichte, Photothek, München: 72 (ZI-0178-02-3-252838/Brandenburgisches Landesamt für Denkmalpflege)

Alle weiteren Abbildungen stammen aus dem Archiv des Insel Verlags.

2. Auflage 2025. Originalausgabe Bezugspapier: Burkhard Neie, Berlin. Gesetzt in der Schrift Minion Pro. Gedruckt auf holzfreies, alterungsbeständiges Werkdruckpapier der Firma LENK Paper Schleipen GmbH, Bad Dürkheim, von der Memminger MedienCentrum AG, Memmingen. Gebunden in Fadenheftung von der Josef Spinner Großbuchbinderei GmbH, Ottersweier. Erste Auflage 2024. Printed in Germany. ISBN 978-3-458-19539-9.

Insel Verlag Anton Kippenberg GmbH & Co. KG,
Torstraße 44, 10119 Berlin. info@insel-verlag.de
www.insel-verlag.de